第 50 回「都市問題」公開講座

JN118342

「分権」から「自治」へ
―地方分権改革から 20 年―

目 次

● **基調講演**

● **パネルディスカッション**

［2020 年 12 月 12 日（土）プレスセンターホール（東京都千代田区）にて開催］

[基調講演]

地方分権改革とは
何であったのか

西尾 勝

後藤・安田記念東京都市研究所顧問、
東京大学名誉教授

にしおまさる：1938年生まれ。東京大学法学部教授を定年退官後、国際基督教大学教授及び大学院教授として同大学に7年間勤務。その後2006年4月より通算4期8年間、東京市政調査会理事長を務め、2014年4月より同財団の後身である後藤・安田記念東京都市研究所顧問に就任するとともに、地方公共団体情報システム機構理事長として3年間務めた。この間に、地方分権推進委員会委員（1995～2001年）、地方分権改革推進委員会委員長代理（2008～2010年）を兼務。著書に、『権力と参加』（東京大学出版会）、『行政学の基礎理念』（同）、『行政学』（有斐閣）、『未完の分権改革』（岩波書店）、『地方分権改革』（東京大学出版会）、『地方分権改革の道筋』（公人の友社）、『自治・分権再考』（ぎょうせい）など。

■ 地方分権改革はむずかしい

　ご紹介いただきました西尾勝でございます。はじめに、「地方分権改革はむずかしい」という私の実感からお話し申し上げたいと思います。

　最初の地方分権推進委員会は、我々は委員長の名前を取って諸井委員会と略称していますけれども、1995年7月3日の月曜日に発足いたしました。その週末の土曜日、北海道ニセコ町で「自治体学会北海道フォーラム」なるものが開催されまして、私はこのフォーラムの基調講演者として招かれました。私が諸井委員会の一員になることが正式決定してから、初めて行った講演でありました。

その講演録が、私が1999年に出版しました『未完の分権改革——霞が関官僚と格闘した1300日』（岩波書店）に収録されております。本日のテーマ「地方分権改革から20年」というのは、2000年の地方分権一括法の施行から20年ということですけれども、成立は1999年ですから、法律が大体通ったというあたりに出した本になります。内容は全て講演録で、そのころに全国各地で行った地方分権に関する講演の中から6編を選んで編集した本です。

　ニセコ町での講演は、2本目の講演として収録されております。私が当時感じていたことをかなり率直に述べておりますので、それをご紹介したいと思います。

　本日のフォーラムのチラシを拝見しますと、「ニセコで語ろう地方自治の未来」と書いてありましたし、「地方分権で自治体はどう変わるか、変わらねばならないか」と大きく書かれています。こうしたものを読みますと、地方分権が進むことは既定の事実のように受け取られておりまして、このことを前提にして、分権が進んだならば自治体はどう変わるのか、あるいはどう変わらなければならないのかを論じようとしておられる、そのようにうかがえるのであります。

　しかし、地方分権は本当に進むのでしょうか。そして、それを進める責任は一体誰にあるのかと言いますと、当面は地方分権推進委員会と政府にあるということになると思うのであります。地方分権推進委員会がまず政府に対して勧告をする、その勧告を受けて政府は地方分権推進計画を策定し、これを実施に移す。したがいまして、この地方分権推進委員会の一員になった私の任務は、皆さんが既定の事実であるかのように前提にしておられることをまず実現することであります。しかし、こう申し上げるのは失礼かと思いますけれども、分権を推進することは、ここにいらっしゃる皆さんが考えておられる以上に容易ならざる、非常に難しいことなのではないかと思われます。そういう意味では、全知全能を傾けて取り組まなければならない課題であるように、私には思われます。

そこで、いまの時点では、地方分権をどのようにして実現するのかという、いわば地方分権の推進戦略のことだけでもう頭が一杯でありまして、これを実施した暁には、自治体がどう変わらなければならないのかなどということに思いを巡らしているだけの十分な心のゆとりがまだ私にはないというのが正直なところであります。いまの私の率直な気持ちとしては、そんなに気楽に過剰な期待をかけないで下さい、そんなに過酷なプレッシャーをかけないで下さいとお願いしたい。どうしたら地方分権が実現できるのか真剣に議論をし、力強い草の根の運動を巻き起こしていただいて、地方分権推進委員会を支援して下さいというのが正直な気持ちであります。

　このようにまず冒頭で語りまして、それから、私が考えている推進戦略についての話に移っていきます。

　まず、今回の地方分権推進法では、地方分権推進委員会は地方分権推進計画の作成のための具体的な指針を内閣総理大臣に勧告する、と書いてあります。この地方分権推進計画をつくるのは政府であります。しかしこの具体的な手順がどうなるのかは、法律を読んだだけではもう一つはっきりしないところがあるのです。そこで、国会でもこの点をめぐる質問がなされていて、それに対して三月一〇日、村山首相が衆議院で答弁をしておられます。それによりますと、地方分権推進委員会が計画の具体的な指針を勧告し、政府はこの勧告を尊重して地方分権推進計画を作成するというのが、政府が予定している具体的な手順である、と。

　これによって法案の趣旨が一層明確になり、そして地方分権推進委員会の権限、権威が非常に高められました。まず委員会が勧告をする、政府はそれまでは待っている、そして勧告が出てきたらそれを尊重して計画をつくると言っているのですから、委員会の権限は非常に大きくなったと言えるかと思います。しかしこれはある意味ではまた大変なことになったわけです。と申しますのは、地方分権推進委員会が勧告をするまで政府は何もしないで待っていることになります。それでは推進委員会が二年、三年と慎重に調査審議していたらどういうことになるのだろうか。その間は地方

分権は進まないことになる。ですからこの新しく出来た地方分権推進委員会が、一体いつ勧告をするのかが極めて重要なポイントになってきていると考えられます。

　この点について政府は国会でどういう答弁をしているかと言いますと、山口総務庁長官が答弁をしておられますが、この地方分権推進法という法律そのものが五年の時限法になっているので、五年間のうちに、勧告があり、政府が計画をつくり、計画を実施に移すことが予定されている。したがって、この五年間のうちの前半で委員会から勧告がなされ、後半では政府が推進計画をつくってその実施に移る、委員会はその後半になったならば、あとはそれを監視し必要があれば意見を述べるという仕事に変わる、と答弁しておられます。そして、その後の山口長官その他政府関係者の発言からすれば、前半と言っておりますけれども、五年間のうちの最初の二年間くらいを委員会が調査審議し、勧告するまでの時間として予定し、あとの三年が計画をつくって実施する時期とされていると思われます。

　さて、それでいいのかが一番の大問題であります。こういう答弁に現われているように、委員会の勧告はただ一回しかないものだと決めておられるわけです。そして勧告が出たら、政府はそれを尊重し計画をつくるのですから、計画の作成も一回限り、あとはこれを実施するプロセスに入る、このように皆さんが考えていらっしゃるということであります。しかし、そういう手順では今回の地方分権改革は進まないだろう。私は法律の趣旨をそういうふうに読む必要はどこにもないのではないかと思っております。地方分権推進委員会は、五月雨的に勧告をすべきである。第一次勧告、第二次勧告、第三次勧告、必要ならば第四次、第五次と勧告を続けるべきである。つまり逆に言えば勧告が出るたびに政府の側はそのつど計画をつくり直さなければならない。このような手順で進めることが必要なのではないかと思っているわけであります。

　これに関して、一つの問題解決の糸口を与えたこととして、6月29日の連立与党の三党合意に触れています。

さて、この点に関しまして、外から思わぬ援軍が出てきました。それは、去る六月二九日に連立与党の三党合意なるものがまとめられたのですが、この中に地方分権推進委員会の地方分権に関する検討作業を促し、機関委任事務の原則廃止、補助金の整理合理化、国の関与の適正化などの課題について、今年度中に中間報告をまとめるよう政府に要請するという文章が入っているのです。したがってわれわれの委員会に対して政府が中間報告を要望してくる可能性がありますから、そうだとすれば来年の三月までには中間報告というものを政府に提出しなければならなくなる可能性がある。中間報告をこの時点で求められるということは、遅くとも来年の六月ごろには勧告をすべきなのではないかというプレッシャーになってくるのではないかと考えているわけであります。

　この講演で述べていたように、どのような推進戦略に基づいて地方分権を進めていくべきなのか、まずはそれが最大の問題であると感じておりました。政府の審議会の運営としては全く異例のことなのですけれども、2年かけて一つの答申をまとめるというようなやり方ではなくて、もう五月雨的に鉄砲を撃っていく、と。その都度、政府に何らかの行動を起こさせるということをやっていかなければいけないというのが、私の確信だったわけです。

　どうしてそういう確信が生まれたかというと、地元の武蔵野市での経験があります。武蔵野市では市政への市民参加がいろいろに試みられていまして、私は30歳代〜40歳代のほぼ20年間、そこにどっぷりとつかっておりました。その中で、市政を動かすにはそういうやり方で審議しなければだめなのだと痛感していたからであります。これは国も同じだろう、と。この全く異例な運営方式に、委員会全体が早く合意をして、そういうやり方で進めたいと強く思っておりました。

　なぜそういうことを講演で延々と述べたかと言いますと、地方分権改革という改革は、規制改革のようなものに比べましても、住民にとっては、あるいは国民にとっては、一段とわかりにくい改革だというふうに

私が感じていたからであります。非常にわかりにくい改革なので、そのことが自治体職員にも十分に理解をされていない。自治体の市議会議員あるいは市長といったような長の立場にある方々とお話をしても、そういう感覚がありました。やろうと思えばできるのではないかと感じておられる方々が多いように思われ、私の認識と聴衆の認識との間に大きなズレ、隔たりがあるということを痛感していたわけであります。マスコミの報道関係者、報道記者の人たちとの間にも、同じようにズレや隔たりを感じ取っていました。ですから、そんな簡単なことではありませんということを、早く認識していただきたいと思っていたのです。

■「時流に乗った」改革

いかにむずかしいことであれ、取りかかった以上何とかしなければならないわけですけれども、この地方分権改革が成功するか否かは、ひとえにこれがその時代の時流に乗った政治課題であるかどうかということにかかっているように思います。この第一次分権改革、地方分権推進委員会が1995年に発足したのは、当時の時流に完全に乗った適切なテーマであったからで、これは歴史の中で非常に偶然的なことであり、めったに起こる事態ではないと私は思っております。その後も、そういう事態は決して訪れてはいないと実感しております。

では、この第一次分権改革のときの背景というものがどういうものであったのか。その背景にはまず、第二臨調、俗称「土光臨調」から続いている行財政改革の流れ——これは延々今日までまだ続いているわけでありますが——と、1980年代末のリクルート事件に端を発した政治改革の気運があります。それから1993年6月に「地方分権の推進に関する決議」がなされたわけですが、これは衆参両院による超党派の決議であり、国会史上あるいは帝国議会から含めた日本における議会史上極めて異例な決議でありました。そして、その年の夏に自民党の大分裂が起こり、さらには10月に第三次行革審答申というものが出てきます。つ

まり、国会決議、自民党の分裂、第三次行革審答申という、1993年に発生したこの3つの事態に乗った改革になっているわけであります。

　まず、行財政改革の大きな流れが続いていて、そこに政治改革という形で、政界の政治家たちにも「何かの改革をせざるを得ない」という気運が非常にみなぎってきていました。そして、衆議院議員の選挙制度をいかに変えるべきかということが大問題になっており、その進め方をめぐって自民党の中に主流派と反主流派が生まれ、大分裂を起こした、と。93年7月の総選挙で、自民党が与党に留まっていられない事態となり、自民党と共産党を除く全ての党の大連立により内閣を結成することとなったわけであります。最初の連立内閣が細川内閣、続いて短期の羽田内閣、そして村山内閣へと移り変わっていくわけですが、この3内閣の間に地方分権推進大綱が策定され、地方分権推進法案が閣議決定されて国会に提出され、成立します。地方分権推進委員会の人選も、この3内閣の間に進められました。地方分権改革にとっては最も友好的と言いますか、理解の深い内閣が続いていた絶好の時期だったと思います。

　しかし、委員会が実際に作業を始めたころには、村山内閣が退陣し、橋本内閣へと移行しています。中間報告を提出し、勧告案を続々と提出していくという時期に入りますと、橋本総理と我が諸井委員会との間にはしばしば緊張関係が発生しました。いろいろ無理なご注文があったり、こちらのやりたいと思うことにノーと明快に言われたりしまして苦労は絶えなかったのですけれども、何とか内閣との間に友好関係を持続しながら、勧告を終えることができたというのが実態であります。

　また、橋本内閣の場合は、総理が言ったことに対して各省庁はかなり忠実に従うという傾向が見えました。総理がだめだと言ったら、もう絶対だめという感じで、そういう意味では完全に各省を統括しておられたと思いますけれども、いかんせん与党の国会議員まで統率できる方ではなかったという感じがありまして、自民党の国会議員があばれだすということがしばしば起こった。そこが大きな問題だったと感じておりまし

て、あまり絶好の時流とはだんだん言えなくなってきていたということ
が実態だっただろうと思います。

■ 団体自治か、住民自治か

　それにしても、いかに絶好の時流に乗ったからといって、地方分権改
革は何らかの成果を上げられるというほど簡単なことではありません。
時流に乗ったとはいえ、なかなかむずかしい課題であるわけであります。
その際、どういう側面を当面の改革の焦点にするかということによって、
起こってくる反応は非常に大きく違うということがあります。

　そこで、この地方分権改革を進める戦略の路線のようなものとして、
まずどういう種類があるか。地方自治は、憲法学者や行政法学者によれ
ば、団体自治と住民自治の２つの側面から成り立っていると解説される
わけです。その言葉をそのまま使わせていただきますと、団体自治の側
面に焦点を当てて改革をしていくのか、つまり地方公共団体の権能をで
きるだけ強めていくという方向に専ら関心を向けていくのか、それとも
住民自治の側面に焦点を当てていくのか。その自治体としての意思決定
をどのようなやり方で、誰が主体になって進めていくべきなのかという、
それこそまさに「自治」の話なのですけれども、まずはそれによって大
きく変わるだろうと思います。

　そもそも地方分権推進委員会というものをわざわざつくって、地方分
権改革について審議させることになったのは、自治省や、地方制度調査
会という審議機関だけでは改革を進めることができなかったからです。
いくら審議をして各省にわたる仕事について勧告や答申を出そうと――
事実、地方制度調査会答申は何度も分権的な勧告を積み重ねていたわけ
ですけれども――全部無視されて、全然進まなかったのです。各省とも
やる気がなく、一切進まない。自治省も地方制度調査会も、おのれの力
の限界を悟っていたわけです。このままでは何もできないから、全省庁
を巻き込んだ内閣レベルの新しい審議会をつくって、もっと強力に動か

せるようにしてほしいと政府に要望してきたわけです。

　こうしたことを踏まえると、自治省以外の他省庁が別々にそれぞれの権能に基づいて種々の法律を制定して、自治を制約しているという認識がありましたから、こうした構図を変えていかなければいけないのだと思い、団体自治の側面に焦点を当てることがこの委員会の任務であろう、と。私自身もそう認識しておりましたけれども、各地方公共団体の方々も、地方六団体の関係者も、皆さんそういうふうに理解しており、団体自治の側面を中心に取り上げようということになりました。

　もう一方の住民自治の側面については、そのほとんどが公職選挙法、地方自治法、地方財政法、地方税法、地方公務員法等々、自治省所管の法令の中で決められていますので、この住民自治の仕組みを改革したいという要望が強ければ、たとえば、首長と議会の関係を変えたいとか、市民参加の仕組みをもっと充実させたいとか、住民投票制度を新たに導入したいなどといった要望が強ければ、そちらを主題にした調査審議に集中しなければならないわけですが、幸か不幸か、地方分権推進委員会に提出された地方六団体からの要望書には、住民自治の側面に関わる改革要望はほとんど皆無でした。

■ 改革の中心は「関与の縮小・廃止」に

　さて、団体自治の側面に焦点を当てるにしましても、「自治体の権能拡張をめざす改革」なのか、「自治体の自由度拡充をめざす改革」なのかによって、改革の性質は非常に大きく変わります。

　この「自治体の権能拡張をめざす改革」は、かつては「事務権限の移譲」路線と称していたものです。国の各省が握っていたある事務権限を都道府県に移譲する、都道府県が担ってきた事務事業の一部を市区町村に移譲するといったように、事務権限を住民により近い位置にある自治体におろしていくのが、この「自治体の権能拡張をめざす改革」ということになります。

しかし、第一次分権改革で論議の焦点になったのは、「自治体の自由度拡充をめざす改革」の方でありました。事務事業の最終的な責任がどこにあるのかというときに、国にある場合、都道府県にある場合、市区町村にある場合がありますが、最終責任が都道府県にあるとしても、都道府県が自由自在に権限行使できるわけではなくて、法律、政令、省令、あるいは補助要綱等々で国が細かくいろいろな注文をつけています。国が口を出していて、それに従って仕事を進めなさいと言われているので、都道府県の裁量の余地は意外に少ないというようなものが、少なくないわけです。同じように、市区町村に任されているはずの事務事業に、国だけでなく、都道府県も上位団体、監督団体として、さらに口を出してきます。市区町村は国と都道府県に縛られて仕事をしておりますので、職員にすれば「どうしてこうしなければいけないのだろう」と思うことも、そのとおりにやらざるを得ない。これが、かつては「関与の縮小・廃止」と呼んでいた問題群であります。こうした国の各省庁の口出しをできるだけ緩める、自治体の自由度を拡充するという方策が、先の「事務権限の移譲」方策と並ぶもう一つの方策ではないかということであります。

　日本の戦後の地方制度改革の論議の中では、専ら「事務権限の移譲」こそが分権と理解して、そういう流れで事は進んできましたが、この「関与の縮小・廃止」こそが「事務権限の移譲」に劣らず緊要なもう一つの方策なのではないかという観念は、このときに生まれた新しい観念だったように思います。しかし、正確に申しますと、戦後改革の一環であった「シャウプ勧告」には市区町村への事務権限の移譲と税財源の移譲と共に、機関委任事務制度の廃止も提言されていたのです。つまり「シャウプ勧告」には、「事務権限の移譲」路線の改革と「関与の縮小・廃止」路線の改革の双方が含まれていたのです。しかし、当時の日本国政府側がこの機関委任事務制度の廃止の提言、「関与の縮小・廃止」路線の方を全く問題にせず、シャウプ勧告どおりに改革を進めようとはし

ませんでした。その結果、「シャウプ勧告」以降の分権の流れは「事務権限の移譲」方策に傾いていったと言えます。ここへ来て、改革の焦点がシャウプ勧告の時代に戻ったような形になります。

地方六団体から「ここを改革してほしい」という市区町村や都道府県の要望事項が膨大な文書になって出されてきましたが、それを見ましても、大半が「関与の縮小・廃止」にかかわる問題だったわけです。もちろん「事務権限の移譲」にかかわるものもありまして、農地法や都市計画法の改革など、土地利用に関する改革に対しては相当な要望がありました。しかし、そういった一部のものを除いていきますと、ほとんどが「事務権限の移譲」を求めるものよりも、「関与の縮小・廃止」を求める事項であったということであります。これも日本の実情から言えば、無理からぬところではなかったかという感じがしております。この点は、神野直彦先生が早くから指摘してこられたところですが、日本の行政システムは集権的分散システムであると言っておられます。

このシステム分類では、政府体系を構成する各レベルの政府から人々に提供する行政サービスの提供業務が、上級の政府に留保されている度合が強ければ強いほど集中的なシステム、その逆は分散的なシステムとされています。そして、これらの行政サービスの実質的な決定権が、上級の政府に留保されている度合が強ければ強いほど集権的なシステムで、その逆は分権的なシステムとされている。この集中・分散と集権・分権の両軸の組み合わせで各国の行政システムを類型化すれば、日本のそれは集権的分散システムに該当するというのです。

確かに、日本の公務員総数に占める自治体公務員の割合は約4分の3、日本の国と自治体の歳出純計に占める自治体の歳出の割合は約3分の2です。この代表的な2つの代替指標に照らせば、日本では行政サービス提供業務のおおよそ7割前後は自治体によって担われていることになります。これは、先進諸国のそれに比べ、極めて高い比率です。日本は、神野先生が指摘されたように、確かに相対的には分散システムなのです。

しかし、このことをもって、日本は世界に冠たる地方自治の国であると胸を張れるかと言えば、決してそうではない。なぜなら、自治体が担う行政サービスの提供業務の範囲、仕組み、基準の設計と法制化に始まり、その執行に関する執務マニュアルの策定に至るまで、中央政府＝国で決定されている度合が高いからです。すなわち、「事務事業」は大幅に都道府県と市区町村に分散されているものの、実質的な決定権は国に高度に留保されているのです。日本は確かに、相対的には集権的なシステムなのです。

このことは、地方分権改革にとって何を意味するのか。日本の行政システムを先進国並みのグローバル水準に近づけようとすれば、何より重要なことは、行政サービスの提供業務をこれまで以上に国から自治体へ移譲することではなしに、それ以上に、すでに自治体の事務事業とされている行政サービス提供業務に対する実質的な決定権を自治体に移譲することなのです。言いかえれば、集権的分散システムを分権的分散システムの方向に向けて移行させていくことなのです。

話を本題に戻しますと、結局、諸井委員会が選択をしたのは、機関委任事務制度の全面廃止を中心にしながら、機関委任事務であるかどうかにかかわりなく、「関与の縮小・廃止」を全般的に進めるという改革でした。その結果、国から都道府県への事務権限の移譲はごくわずかでありましたし、都道府県から市区町村への事務権限の移譲はもう少し多かったかもしれませんが、それでもわずかでありました。

■ 地方税財政改革のむずかしさ

さらに、ここで確認しておきたいのは、この2つの方式のどちらをとるかによって、税財政改革と言いますか、お金にかかわる問題がどの程度重要になってくるかが違ってくるのであります。「事務権限の移譲」が行われて、国の各省が持っていた事務事業を都道府県が担うことになれば、それに必要な税財源を都道府県に保障してあげなければいけませ

ん。それを地方税で保障できるのか、地方交付税で保障できるのか。と
もかく両方を合わせてきちんと保障しなくてはならない。事務事業の担
い手が変化したならば、それに伴って、その事務事業に所要の税財源も
移動しなければいけないということは、当然のことであります。同様に、
都道府県から市区町村へ事務事業が移動したならば、それに必要な経費
を市区町村に保障してあげなければいけない。この税財源の移譲は絶対
不可欠なことでありますから、それを保障していくのは当然のこととし
て、それ以上の税財源の移譲は必要がないという改革になるわけです。
　「関与の縮小・廃止」路線の改革は、事務事業の担い手そのものは変
わらないのですね。これまで国がやっていたことは国の仕事、都道府県
がやっていたことは都道府県の仕事、市区町村がやっていたことは市区
町村の仕事という前提であって、ただ、それに対してどこまで自由度の
ある決定ができるのかということを、今までよりは緩めるということで
あります。それまでは、各省の役人が一生懸命知恵を絞って法案をつく
って、国会議員が苦労して法律を制定して、その解釈について通達に示
すというふうに、一切のことを国の政治家と官僚たちが考えて、それに
従ってやるように言われているわけです。その関与が縮小されて口出し
が減らされるということは、今度は都道府県の知事、議会、職員たちが、
その分を自分で考えて知恵を出さなければいけないということに変わっ
てくる。都道府県と市区町村の関係も同じで、都道府県の知事、議会、
職員たちが知恵を出して考えていた部分を、市区町村の長、議会、職員
たちが知恵を出して決めなければいけないということです。ですから、
仕事は増えてくるわけです。しかし、それはあくまで知恵を出す必要が
あるということであって、それにお金がいくらかかりますという話では
ないのですね。「関与の縮小・廃止」を中心に改革をするということは、
実は、税財源の移譲についての話は当然のように出てくるものではない、
ということになります。地方税財政改革という非常にむずかしい問題に
正面から当たらなくとも、まあ何とかなるというような話であるのです。

しかし、それで自治体関係者の皆さんが満足するかといったら、絶対に満足しません。自治体の方々が強く求めておられるのは、税財源が増えること、より多くの税財源が保障されることでありまして、そのためにこそ分権改革をしていると思っておられる関係者の方々が極めて多いわけです。少しでも豊かになりたいという願望であります。そういう方々の声を一切無視して事を進めるわけにはいきませんから、今度は税財政の問題に対してどういう攻め方をしなければいけないかということに知恵を絞らなくてはいけないことになる。事務事業が移転するからお金の移転が必要だというのではない、別の理屈を考えなければいけない。

　そういう目で日本における国と地方の関係を見ますと、諸外国と非常に大きく違うところがあります。要するに、国は国税として徴収した収入のかなりの部分を自治体に再配分していて、これを財政学では財政移転（fiscal transfers）と呼んでおられるわけですけれども、日本の場合は国の財政に占めるこの財政移転の比率が極めて高いのです。これを構成しているのは、言うまでもなく地方交付税交付金と国庫補助負担金でありますが、この性質をよく見ていくと、地方交付税交付金は、少なくとも名目としては使途を指定していないお金であって、地方税収入と同じように一般財源であると考えられているわけです。ところが、国庫補助負担金になりますと、それぞれ使途が決められていて、それ以外のものに使ってはならない。俗に「紐付き財源」と言っているわけですが、この国庫補助負担金を、紐の付かない、できるだけ使いやすい財源に変えていくことが必要ではないか、fiscal transfers の規模を縮小することが大事なポイントではないかということで、財政改革をしていこうと訴えたわけです。勧告でもいろいろと訴えましたし、神野先生にも非常に努力していただきましたけれども、なかなかうまく進行しなかったということであります。

　諸井委員会が解散する直前に提出した最終報告では、残された課題の中で財政問題は一番大きな問題なので以後はこういうふうに進めてほし

いということを勧告しております。これは財務省の強い抵抗にあったのですが、あえて勧告に入れました。そして、のちに、その基本的な発想が尊重されて、小泉政権下で取り上げられたのが、いわゆる「三位一体の改革」と名づけられた改革でありました。

　国庫補助負担金を減らす、これによって浮いた国の財源を地方税にまわす、あるいは地方交付税で補塡していくという３つの方法を組み合わせて最終的な着地点を見つける、国の財政にも地方公共団体の財政にも大きな影響を与えずに財源の性質を変えるということをやっていただきたいと、最終報告では言っておりまして、小泉首相はそれをやるつもりだったのだと思います。しかし、途中から全く妙なことになりまして、思いもしなかったところに行き着いてしまって、全ての自治体関係者が大きな挫折感を味わいました。それによって、税財源の移譲の問題はむずかしい、これに手をつけたら大変なことになってしまう、我々が望んでもいないところへ着地するようなことになってしまうということで、ちょっと二度と口には出せないようなテーマに変わってしまいました。その結果、いまだに財政構造は大きく変わらないままに来てしまっているということになるのであります。

■「国と地方の協議の場」の実現と今後の課題

　さて、改革のもう一つの焦点として、現行の法制度を再構成する改革か、新規の法制度の構築に参加する改革か、ということがあります。現行の法制度を再構成する改革というのは、過去の蓄積を全て見直して、何かに支障のある法令などを全て変えてもらおうという改革です。分権改革はそのような改革として進めてきたのですけれども、その間も国会は営々として新しい法律をつくってしまいますし、続々と法改正を通していくわけです。すると、またまた中央集権的な色あいがそこに色濃く出てきていて、改革しても改革してもまた集権体制へ再構築されているということが続いているのです。

これを何とかしなければいけないというところに出てきたのが、「国と地方の協議の場」を設けようというテーマでした。これは第二次分権改革の丹羽委員会（地方分権改革推進委員会）のときに、ようやく勧告に取り上げることができまして、現在はすでに運用されているわけであります。国と地方公共団体が直面しているさまざまな新しい課題に対して、国が法律や政策をつくっていくときに、自治体の声を十分に取り入れて制度設計をしてもらうために、集権化への動きを抑制する機能を果たす場としてつくられたものです。しかしながら、年に数回の会合で、関係省庁の大臣と地方六団体の代表者が集まるだけでは、到底そういう課題をこなしきれないというのが現状でありますから、これを生かそうとするのなら、年度ごとに、とくに国と地方の双方にとって重要な複数のテーマごとに、分科会をつくって、そこに国からも自治体からも専門職の人たちや職員たちが入っていってチームを構成するなどして、細かな論点をめぐって一つ一つ真剣な論争を積み重ねていかないと、めぼしい成果をあげられないでしょう。この種の仕組みを恒常的に機能させていくためには、知事会、市長会、町村会等のいわゆる地方六団体のシンクタンク機能を日常的にもっと強化しておかなければなりません。これもまた、決して容易なことではないのですが、非常に大事な課題です。

　「国と地方の協議の場」の創設という、丹羽委員会の勧告は、同委員会の３年間の任期の最終年度であった2009年10月に提出されました。そして、同委員会から提出された一連の勧告の最終処理（地方分権改革推進計画の策定）を担当したのは、自公政権から政権交代したばかりの民主党政権でした。そしてまた、この件を法制化する法案は民主党政権下で処理された地方分権改革法案の第一号だったのです。

　私が、この「国と地方の協議の場」を活かす方法について真剣に考え始めたのは、実は一連の民主党政権時代が終わり、再び自公連立の安倍内閣が誕生したときからでした。このときの安倍内閣は、東日本大震災からの復興、アベノミクスへの転換、TPP交渉の推進といった、いず

れも超巨大な政治課題を掲げて出発していましたので、この内閣に地方分権改革の継承を期待するのは到底不可能だと感じていました。なにしろ、安倍首相は、小泉内閣の最終局面で内閣官房長官に起用され、例の「三位一体の改革」のための国庫補助負担金の削減計画を取りまとめる任務を首相より託されながら、その任務を着実に達成できなかった政府側の当事者でしたから、地方分権改革に熱意を感じてはいなかったように見受けられました。

　しかも、安倍首相がその後に次々と打ち出していった諸施策、たとえば東日本大震災被災地自治体に対する職員派遣にしろ、増田レポートに端を発した「消滅可能性都市」問題への対処にしろ、その後の地方創生にしろ、いずれも自治体に密接不可分に関連した施策であったと同時に、これら施策の推進方策がはたして地方自治の原則に照らして妥当な方策であるのか、いろいろと疑念をいだかせるものが少なくありませんでした。そこで、この安倍内閣が続く間は、過去に法制化されて蓄積された既存の諸法制を見直し改善する方策を探るという従来型の地方分権改革よりも、全国の自治体がいま対応を迫られている諸課題に取り組む方策について国と自治体とが建設的な協議を積み重ねることに重点をおいた方が、むしろはるかに生産的ではないかと感じていました。

■「分権」から「自治」へ？

　話は変わりますが、今回の公開講座のテーマには〈「分権」から「自治」へ〉といったタイトルが付されていますが、ここで語られている「自治」とは何を指しているのか、私にはわかりません。

　ただ、私自身としては、地方分権一括法の公布から20年が経過しても、いまだに第一次分権改革の成果が、全国の自治の現場で十分に活かされているという実感を持ち得ないでおりますし、最近の歴代内閣下で細々と続けられている提案型の地方分権改革についても、取り上げられるテーマが小型化しているように感じられます。そこで、どうしてこういう

結果になるのかと考え込みますと、それぞれの自治体における市民参加が不活発であるためではないのか、少なくとも私自身が地元で体験した「市民参加の武蔵野方式」のような活気を伴ってはいないのではないか、と考えました。

そこで、もう一度、いつの日か地方分権改革を継承する気運を醸成するためには、自治の現場での市民参加の実践が必要不可欠なのではないかという意味で、「分権」を論議するよりも「自治」を実践することに注力することが、これからの我々の課題なのではないかなどと夢想している次第です。

段々と、老人臭い口調になってきておりますので、これ以上、駄弁を続けることはせず、これをもって私の話を締め括りたいと思います。ご清聴、ありがとうございました。

［基調講演］

「アリアドネの糸玉」としての地方分権改革

神野直彦

東京大学名誉教授

じんのなおひこ：1946年生まれ。大阪市立大学経済学部助教授等を経て、2009年まで東京大学大学院経済学研究科教授。その後、関西学院大学教授、地方財政審議会会長を務め、2017年から2021年3月まで日本社会事業大学学長。2000年の地方分権改革では、地方分権推進委員会の補助金・税財源検討グループ座長（専門委員）を務めた。現在、地方分権改革有識者会議座長、税制調査会会長代理などを務める。著書に『システム改革の政治経済学』（岩波書店）、『「分かち合い」の経済学』（岩波新書）、『財政学』（有斐閣）、『地域再生の経済学』（中公新書）など。

■「全般的危機」から抜け出す「アリアドネの糸玉」

　ご紹介に預かりました神野でございます。よろしくお願いいたします。

　私は財政学を研究しておりますので、財政学から見た地方分権改革の意義と展望についてお話しさせていただければと思います。テーマは、「「アリアドネの糸玉」としての地方分権改革」とさせていただいております。地方分権改革は危機の時代という迷宮から抜け出すためにたぐり寄せていくと、そこから脱出できる「アリアドネの糸玉」としての役割を果たすという趣旨でございます。私が地方分権改革に携わったときから、そして今もこの原理は生きているだろうということが、本日お話を

させていただく内容でございます。

　私が地方分権改革にかかわったのは、1994年の税制改革で地方消費税が創設されたときです。福祉国家が行き詰まるという大きな歴史の変化に合わせて現在の租税体系を構成するキー・タックス、基幹税である付加価値税と所得税を国と地方で適切に分けあわなくてはならない。そのために税源移譲が必要だという考え方に立っていたわけです。もちろん、それは「歳入の自治」を保障するという背後理念にもとづいています。

　それを強く感じたのは、当時、宇沢弘文先生から誘われてヨーロッパで起きている持続可能な都市──サステイナブル・シティの運動を見てみると、「歳入の自治」をきちんと持っていることがポイントになると実感したからです。もう1つは、財政は民主主義の経済ですので、注目していたのは、日本で下からの国民運動によって民主主義を推進しようとした大正デモクラシーでした。この大正デモクラシーはいつから始まるのかと申しますと、定義はいろいろあるかもしれませんが、1920年の全国町村長会の設立をもって始まると言ってもいいかと思います。

　1918年に三重県度会郡七保村の村長であった大瀬東作が、全国の町村に檄を飛ばして、義務教育費国庫負担金の増額──これは財政調整機能を持っておりましたので現在でいえば交付税の増額ということです──のため、全国的な町村長会をつくろうということで、七保村に準備会を設置いたします。1918年というのは、米騒動の年です。そして同時に、くしくもスペインかぜというパンデミックに襲われたときでもございます。「くしくも」と申しましたが、現在も「危機の時代」にパンデミックに襲われていますけれども、社会的危機とパンデミックには必然的な関係があるのではないかと認識しています。

　大瀬東作の夢が実現して、1920年に全国町村長会が設置されるわけですが、2020年はそれからちょうど100年です。分権改革から20年──これは第一次分権一括法からということだと思いますが、同時に、

日本の分権運動が始まってから、ちょうど100年の月日がたっている。この全国町村長会は、義務教育費国庫負担運動とともに両税委譲運動を起こします。つまり、当時の直接税の基幹税であった地租と営業税を国から地方に委譲しろという運動を起こすわけですね。この両税委譲運動を私たちは大正デモクラシーと呼んでいるのだと言っても過言ではありません。国民と言っても旧中間層が中心ですが、農民層、それから中小自営業者を中心とした非常に激しい両税委譲運動が展開されます。その帰結として実現した普通選挙法による選挙ポスターには「地方分権丈夫なものよひとりあるきで発てんす」という言葉がうたわれるわけですね。

危機の時代にあっては「歳入の自治」を拡大するという意味で、両税委譲つまり二つの基幹税——当時の基幹税とは違いますから付加価値税と所得税の両税委譲は必要だろうと考えておりました。どうしてそう考えざるを得なくなったのかと言うと、1973年の石油ショックによりブレトンウッズ体制が崩壊すると同時に、世界の先進国が目指してきた福祉国家体制が崩れて、グローバリゼーション、つまり国境のボーダーレス化が進んでいたからです。

グローバリゼーションに対してヨーロッパは、生産要素はグローバリゼーション、国境を越えるかもしれないけれども、国民の生活は国境を越えて動かないのだとして分権改革を起こすわけですね。資本が自由に動き回ってしまうグローバル化に対して、国民の生活を保障するためにはローカル化、地方分権を進めなくてはならないという運動が起きて、「グローカリゼーション」——グローバル化とローカル化が同時に進んでいく。そして1985年には、ヨーロッパ地方自治憲章が制定されます。

■「社会保険国家」から「社会サービス（社会投資）国家」へ

これが何を意味しているのかと言うと、ギデンズの言葉を借りれば「社会投資国家」ということになりますが、所得再分配を目指した福祉国家から社会サービス国家へと移行する時期に入ったということです。

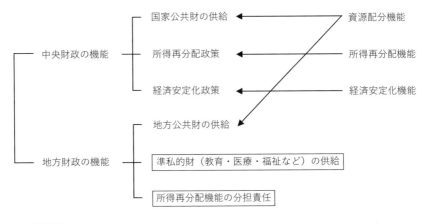

* ☐ の囲みは拡大される地方財政機能

図　財政の機能

図で示しましたが、ご存じのとおり、財政には３つの機能があります。資源配分機能は公共サービスを提供する機能と考えていただければいい。それから所得再分配機能、経済安定化機能というように３つありますが、ブレトンウッズ体制のもとで福祉国家を前提にしていた時代には、連邦財政主義という考え方にもとづいていく、中央政府が資源配分機能でもって国家公共財、防衛などのサービスを提供すると同時に、所得再分配機能、経済安定化機能を担うと考えられてきました。

　地方自治体は国境を管理しないオープンシステムの出入り自由な政府で、所得再分配機能や経済安定化機能を持てません。そのため地方自治体は、警察から始まって、さまざまな国民生活を支える地方公共財を提供するものとして、地方財政の役割は小さく考えられてきたわけですね。ところが、ブレトンウッズ体制が崩れるとボーダーレス化するわけですから、国家の所得再分配機能も経済安定化機能もうまく働かなくなります。しかも実際には、金融を大幅に緩和させて資金を放出し、他方で緊縮財政を打つという組み合わせで、世界的に経済が運営されていきます。

日本でも地方分権が財政面で進まなくなる原因は、財政を厳しく緊縮しながら推進しようとするからですね。

　しかし、ここでヨーロッパは、ボーダーレス化、グローバル化によって国家財政の所得再分配機能が弱まるので、準私的財を提供することで地方財政の機能を拡充させようと考えます。準私的財というのは、医療、教育や福祉などのサービス給付ですね。公共財とは、個人に割り当てができない財のことを言います。例えば警察サービスや防衛サービスは割り当てられないのに対して、医療や教育、福祉は、個人に割り当てられるわけですね。そのため市場でも、公共財として提供することもできる。こうした準私的財を公共財として提供していこうと決意します。つまり、現金給付による所得再分配機能が弱まり社会保険国家が変わっていかざるを得ないのであれば、教育や医療や福祉などの準私的財を公共財として提供することで、現物給付による所得再分配で生活保障を果たそうとします。現物（サービス）給付は地方自治体にしかできません。現物給付による所得再分配は、国家だけでなく地方自治体にも所得再分配機能を担わせようと考えていくということですね。

　こうした考え方に立脚して地方自治体の財政を強化していかなければ、福祉国家は行き詰まり、国民生活がさまざまな面で病理現象を起こしているなかでは、これを乗り越えられないのではないかということから、基幹税の税源移譲によって、地方自治体の「歳出の自治」を拡大させていくことを考えました。つまり、「歳出の自治」を増やすためには「歳入の自治」も持たないと意味がなく、それによって地方分権改革が推進されていくわけです。

■ 画像から操作像へ

　ご存じのとおり、政府の解説では、分権改革は第一次分権改革と第二次分権改革があり、第一次分権改革の終わりに一括法が制定されたわけです。第二次分権改革は2006年の地方分権改革推進法をもって始まる

わけですけれども、その間に、つまり分権改革から外された形で三位一体の改革がある。

　三位一体の改革については詳しくは申し上げませんけれども、地方分権推進委員会で主張した3兆円の税源移譲は実現しましたが、特定補助金が4兆円削られ、さらに交付税が5兆円削られてしまいました。

　これによって地方自治体では一般財源が大幅に減少します。先ほどお話ししたように、そもそも今で言う交付税、財政調整の拡充と税源移譲をセットで、つまり一般財源を拡大することが分権運動の原点ですから、交付税を削るということは歴史の教訓を無視している。つまり、国民の下からの運動を無視していると言わざるを得ないのですが、結果としてこれが実現してしまったために、第二次分権改革以降は、歳出面への関与や事務権限の移譲等々の議論にとどまり、「歳入の自治」に関する議論が後退していくきっかけとなってしまいました。

　しかし、2013年に地方分権改革推進本部が設置され、そのもとに地方分権改革有識者会議が開催されることとなり、分権の進め方が変えられていきます。この有識者会議で担当の新藤大臣からは、「分権を進めていかなければならないことはわかるけれども、国民から分権を進めろという声が聞こえてこないではないか」ということを言われました。国会決議から20年にわたって改革を続けてきて、なぜ国民から地方分権をもっと進めろという声が上がらないのか。これまで地方分権の理念のもと団体自治について多くの改革を進めてきたにもかかわらず、どうもそれを利用できていないのではないか。つまり、分権が進んだありがたみを国民が認識できていない以上、分権を推進しろという声は高まらないだろうというお話でした。

　そこで、2014年6月に有識者会議では、「個性を活かし自立した地方をつくる〜地方分権改革の総括と展望」として、今後の方針を出しました。ここでうたっているのは、「画像から操作像へ」です。当時私が引用したのは、ギリシャ神話のピグマリオンの話です。

キプロス王ピグマリオンが象牙の彫像の女性に恋をし、愛の女神アフロディティがそれに生命の息を吹き込んで、彫像に命を与えたというギリシャ神話です。それと同じように、理念や制度改革の成果を動かす段階に入り、「分権をすれば良き社会になる」と国民に見せつつ進める方向に切り換えていく。団体自治への分権改革を動かすことによって、住民自治の活性化を図っていこうという段階に入ります。

　つまり、提案募集方式では住民が声を上げたことを実現できれば、その成果を実感でき、さらに新たな提案が生まれるという好循環が生まれるだろうと考えています。地方分権改革の主体である社会の構成員の1人ひとりが生活と未来の決定に参加し、その成果を実感していく循環をつくり出す。いわばライフサポートプラットホームのようなものをつくっていけるように大きく方針を変えております。

　以上が分権改革の現状のご説明です。

■「全般的危機」を襲うパンデミック

　つぎに、今後も分権改革は「危機の時代」から脱出する導き星と言いましょうか、指針になるということをお話ししておきたいと思います。

　ここで言いたいことは、新型コロナウイルスによるパンデミックが起きたから、危機の時代になったのではないということです。それは逆であって、全般的な危機の時代をパンデミックが襲っているのだと考えないと、物事を転倒して考えてしまいます。

　危機の時代にはいつも、こうした現象が不思議と起こります。

　「封建時代」の全般的危機と言われている時代——これは農業社会から工業社会に移るエポックだったのですが、1347年から1353年までの間に、「黒死病」によって少なくともヨーロッパの人口の3分の1が死亡したと言われています。このことが農業社会の矛盾を増幅させて、工業社会への推進力になったことは間違いありません。

　軽工業から重化学工業への転換期——第一次世界大戦中の1918年に

はスペインかぜが流行し、1年間で2,500万人が死亡します。これは第一次世界大戦と第二次世界大戦の戦死者の合計よりも多いのです。かつ、パンデミック制圧までの死者は5,000万人です。しかし、これが人間の歴史に与えた影響は、第一次大戦や第二次大戦、さらにその間の世界恐慌に比べて小さいのですね。

　人間の社会を襲う危機には、内在的危機と外在的危機がある。内在的危機とは、戦争とか恐慌とか、人間の社会が創造主である危機であり、人間の社会が創造主ではなく、人間の社会を外から襲う危機が外在的危機です。パンデミックは必ずしも外在的危機とは言えないかもしれませんが、基本的には外在的危機です。内在的な危機は、人間の関係を変えればどうにかなるわけですが、外在的危機は人間の関係を変えたところで、収束できるかどうかわかりません。私たちにできることは、環境の大変化に対して、いかに生物として適応するかということしかないのですね。

　現在、私たちは工業社会からポスト工業社会への移行期にあります。移行期は必ず危機の時代になりますので、この全般的危機の時代が、コロナ危機に襲われているのです。しかし、コロナ危機は必ず社会の危機、これまでの社会の矛盾を焙り出し、増幅させます。

　同時にもう1つ重要なのは、危機に直面したとき、人間社会には2つの行動パターンが出てくることです。1つは、「社会の構成員全員が団結してこの危機にあたらなくてはならない」という気持ち。財政学では、増税ができるのは危機のときだとしていて、これを転位効果ないしは閾値効果と呼んでいますが、「危機を乗り越えるためにみんなで協力してやろう」ということです。もう1つは、危機が対立と差別を煽り、「自分さえよければいい」という行動様式も出てきます。どちらの行動様式が主流になって危機を乗り越えたかということが、次の社会を形成していくときの履歴効果として残っていきます。

■ 国民から遠い政府となり、民主主義への不信が生じた
「危機の時代」を乗り越える

　それだからこそコロナ危機に導かれた「危機の時代」を私たちは、分権を手がかりにして乗り越えなくてはいけないのではないかと考えています。スウェーデンの友人からは、「もうスウェーデンを弁護するな」と言われたのですね。スウェーデンはご存じのとおり、このコロナ危機に対して非ロックダウン型、ロックダウンをしないという対応をとりました。権力的な規制や統制は最小限に抑え、あとは理性ある国民の責任ある行動に委ねると。そのかわり、それぞれが合理的で責任ある行動をとれるように、公衆衛生庁のテグネル氏が毎日3時間くらいかけて説明しています。

　このコロナ危機の対応にはどのような意味があるのかと言うと、ストックホルム大学の訓覇（くるべ）元研究員の言葉ですが、「国民が連帯してコロナ危機に立ち向かい、国民の手であらためて民主主義的統治を取り戻そうとする意思表明と挑戦」であるということです。これまでにもスウェーデンは、国民から遠い政府となってしまっている福祉国家を、どうにか手の届くところに取り戻そうとしていろいろな試みをしてきました。

　例えば市民省という民主主義を活性化するための役所をつくったり、地方自治体には市民オフィスというものを設置したりしながら、国民の手に取り戻す運動を進めてきました。このコロナ危機でも、「信頼」と「自発的規律性」——これはスウェーデンの国民性だとスウェーデン国民が言う特質なのですが、これを合い言葉にして、国民運動によってコロナを撃退しようとしたわけです。

　スウェーデンは、危機のときも下からの国民運動に期待しているのです。1929年の世界恐慌も、スウェーデンは国民運動によって乗り越えていますし、19世紀後半の極貧のなかでの国民教育運動によってつくられたのがノーベル賞ですね。これをシンボルにして危機を克服していきました。

■ 応急的対応段階から地方財政主導の本格的復興段階へ

　まだどうなるかはわかりませんが、コロナ危機は応急的対応段階から本格的な復興段階へと移ろうとしています。復興計画では「build back better」、よりよい社会に戻ろうというのが先進諸国の復興の合い言葉になっています。もとの時代が危機なのですから、もとに戻ったらだめなのだということです。

　スウェーデン政府が9月21日に国会提出した2021年度予算を見ると、基本方針でうたわれているのは「危機対応から雇用創出へのシフト」です。とにかく本格的に立ち向かうぞということで歴史的な大規模予算になっています。「危機からの連帯による脱出」に成功したので、雇用を創出する。雇用を創出する分野は環境分野と福祉分野となっています。

　現在の「危機の時代」とはどのような時代かと言うと、2つの環境破壊が行われた時代だと考えられています。1つは自然環境の破壊ですね。グローバリゼーションによって、自然環境の自己再生力を奪ってしまった。もう1つは、人的環境、人間の社会の自己再生力を奪ってしまったことです。この2つの環境破壊を乗り越えようというのがSDGsです。

　SDGsには17の目標がありますが、これは自然環境と、人的環境あるいは社会の環境という2つの分野を持続可能にすることから成り立っています。ですから、「新しい雇用創出」というのは、当然ながら環境分野と福祉分野になります。日本は「環境」と「デジタル」と言っているので、似通っているように見えますが、根本的に違っています。

　世界恐慌を機にハンソン首相は「国民の家」という考え方を示し、これがスウェーデン・モデルとなっていきます。「国家は家族のように組織化されなければならない。家族の中ではどんな障害を負っていようとも、誰もが家族のために貢献したいと思っている。同じように国民も、どんなに障害を負っていようとも、国民のためにどうにか貢献したいと思っている」。失業という現象は、そうした国民の願いを残酷に打ちくだくものだから克服しなければならない。そこで雇用創出が出てきます。

それは他者のために行動することが人間の幸せでもあるからですね。ところで、日本が掲げた「デジタル社会」はむしろ雇用創出の逆の方向にある。これは、人件費をなるべく減らしていこうという方向に機能しますので、まったく違うものだとご理解いただければと思います。

　スウェーデンでは伝統的に下からの「国民運動」によって、危機を克服してきました。19世紀後半のグレート・デプレッションも酒を断ち、国民が学者サークルで学び合う下からの国民運動で乗り越えてきたのです。

　1929年の世界恐慌も、先進諸国が財政の中央集権化による戦争準備と戦争遂行によって経済不況から脱出しようとしたのに対し、スウェーデンはスイスとともに地方分権で経済不況を乗り越えていきます。こうした国民運動の伝統は、工業社会からポスト工業社会への転換期に開花し、学習サークル運動が「知識社会」への移行に重要な役割を果たしました。もちろん、こうした学びの社会への移行をサポートできるのは、地方自治体です。

　というよりも、知識集約産業やサービス産業を支援する社会的インフラストラクチュアは、重化学工業時代の全国的に整備されるエネルギー網や交通網ではなくなり、人間の生活機能を支援する社会的インフラストラクチュアとなる。というのも、知識や情報を発信するのは、人間そのものだからである。もちろん、そうしたヒューマンウェアを支援する社会的インフラストラクチュアは、地方自治体が提供するしかないのです。

　こうした「ライフサポートプラットホーム」を地方自治体が提供して、新しい産業を創り出そうとするのは、新しい人間の欲求が生まれつつあるからです。もちろん、このような欲求は人間の生活から生み出されます。そのため地域社会で営まれている人間の生活に密着して、新しい産業を創り出していかざるを得ないことになります。つまり、地域社会密着型の新産業を創り出すことになるのです。

地域社会で営まれている人間の生活は、地域社会ごとに相違する自然環境と、人的環境に抱かれて営まれています。スウェーデン政府が雇用創出として、環境分野と福祉分野を掲げるのも、地域社会密着型の新産業を創出するためなのです。

　あえて繰り返しますと、こうした地域特有な新産業を創り出すには、地方自治体がライフサポートプラットホームを整備する必要があります。そのためこの予算でスウェーデン政府が強調しているのは、人生の再調整（リセット）を可能にする「強い社会」をつくることです。いつでもやり直しがきいて人生を再調整できるような「強い社会」をつくり、新しい産業——環境や福祉の分野で人間を支えるという方向に動かしていく。このように「危機の時代」を乗り越えるには、地方財政主導にならざるを得ないのです。

　私たちがこのコロナ危機から脱出するうえで重要なのは、もともとあった社会の危機をいかに乗り越えていくのかということです。そのビジョンを描いていくには、一貫して地方分権が鍵を握るのではないかと考えています。

　時間でございますので、これにて私の話を終わらせていただきます。ご清聴ありがとうございました。

[パネルディスカッション]

清原慶子 前東京都三鷹市長   **山田啓二** 前京都府知事

神野直彦 東京大学名誉教授   **西尾　勝** 東京大学名誉教授

勢一智子 西南大学法学部教授 〈司会〉

■ はじめに

勢一——それでは、後半のパネルディスカッションを開始させていただきます。〈「分権」から「自治」へ——地方分権改革から 20 年〉というテーマのもと、かなり幅広い論点が出てくるものと思います。今日、この場で 20 年という節目の総括をしながら、今後の分権の在り方について考える機会にできればと願っております。

　既に西尾先生、神野先生からはお話を頂戴しましたが、分権一括法に至るまでに、相当な熱意と社会の熱量の中で分権改革が進められてきた経緯があります。両先生は分権改革の構想段階から設計に携わってきたレジェンドでございまして、その視点から、この 20 年と、将来の社会に対してお話をいただきたいと思います。清原先生と山田先生につきましては、そうした一括法による分権改革の構想を自治の現場でまさに実践するフロントランナーを務めてくださった方々ということになろうかと思います。ここまでの 20 年の歩みを振り返りつつ、現在考えなければならない課題、これを皆で共有しながら、将来に向けての議論を目指していければと思います。

　それでは、パネルからご登壇をいただいております清原先生と山田先生から、話題提供をお願いしたいと思います。最初に清原先生、よろしくお願いいたします。

■ 市長として16年、取り組んできたこと

清原──皆様、こんにちは。杏林大学客員教授、ルーテル学院大学学事顧問・客員教授を務めております前東京都三鷹市長の清原慶子です。

　本日のテーマは〈「分権」から「自治」へ〉ということでございますので、このテーマに関連して、少し自己紹介をさせていただきます。私は、20代の大学院生のころ、1977（昭和52）年のことでございますが、当時法律に定められて初めて策定された『三鷹市基本構想』に基づいて、『三鷹市第1次基本計画』を検討する市民参加の組織の最年少メンバーとして、市民参加を初体験いたしました。そののち、『第2次基本計画』の策定のときには、市内在住・在勤の大学研究者として、協力をさせていただきました。そして、『第3次基本計画』を策定するときには、私は当時市内のルーテル学院大学の教員をしており、同じく市内の国際基督教大学の先生方と一緒に、「これまでの計画づくりのように、基本計画の素案を職員がつくってそれに市民が意見を言うのではなくて、ぜひこれからは、市民がまず素案をつくって市がそれを最大限に反映するという形に変えてはどうか」と、当時の市長に提案をいたしました。

　「提案をしては自分の首を締め」という川柳ではないのですが、「それでは、その組織をつくるならどのようにするのか」と、当時の市長の依

清原慶子

前東京都三鷹市長、杏林大学客員教授、ルーテル学院大学学事顧問・客員教授

きよはらけいこ：　1951 年生まれ。慶應義塾大学法学部卒業、同大学大学院法学研究科修士課程政治学専攻修了・社会学研究科博士課程社会学専攻単位取得退学後、常磐大学専任講師、ルーテル学院大学教授、東京工科大学メディア学部教授・学部長等を経て、2003 年 4 月より東京都三鷹市長を 4 期 16 年務める。地方交付税不交付団体を堅持し、自治基本条例・男女平等参画条例等を制定し、民学産公の協働を推進。全国市長会副会長・相談役を歴任し、現在は内閣官房郵政民営化委員会、総務省統計委員会・官民競争入札等監理委員会、文部科学省中央教育審議会の委員、総務省行政評価局アドバイザー、全国知事会地方自治先進政策センター専門委員、地方公共団体情報システム機構代表者会議委員、東京大学経営協議会委員等を務める。地元では地域ケアネットワーク新川中原推進委員としてボランティア活動に参加している。

頼に基づき準備会で「組織の在り方」、市と市民との間で交わす「パートナーシップ協定」の内容、「会議のルール」などについて検討しました。そして、1999（平成 11）年 10 月に、全員公募市民の最終登録人数 375 名によって構成される「みたか市民プラン 21 会議」という組織が設立されました。私は 3 人の共同代表のうちの 1 人に選出され、当時の市長と「市民は期日までに計画素案の提案を行い、市は市民の意見を基本計画に最大限反映する」との内容のパートナーシップ協定を交わしました。そして、その議論の中で、ぜひこれからも「地方分権」、「地方自治」、「市民自治」を進めていく上で三鷹市が市民の声を反映し続けるように、「市民参加」と「協働」を理念とする自治基本条例をつくってほしいと、提案をいたしました。それを当時の市長が受けとめて西尾勝先生が座長の検討組織をつくってくださいました。そして、何と思いがけず 2003（平成 15）年 4 月から私は市長を務めましたので、西尾先生からその年に報告書をいただくことになりました。そして、私が『自治基本条例案』を市議会に提案し、特別委員会でのご審議を経て可決され、2006（平成 18）年 4 月に施行したのが『三鷹市自治基本条例』でした。

　このように一市民として市民参加や協働の経験者である私は、「地方

分権」というのはいわゆる「市民自治」のための基本的な制度だという認識に基づいて、市長としても取り組んでまいりました。そこで、『第4次基本計画』をつくるときには、幅広い市民の声を聴くために、無作為抽出の市民の皆様に討論をしていただいて、意見を出していただくという「みたかまちづくりディスカッション」を開催してご意見を伺い、反映しました。市民会議、審議会にも、無作為抽出の市民の皆様に委員をお願いするという取組をいたしました。

　そんな私が2003（平成15）年に市長になってすぐ出会ったのが、いわゆる「三位一体の改革」でした。

■ 市長経験を通しての分権改革の評価

清原——さて、それでは、この「分権改革についてどのように評価しているのか」という論題を勢一先生からいただきましたので、まずそのことについて簡潔に申し上げます。2011（平成23）年の「地域の自主性及び自立性を高めるための改革の推進を図るための関係法律の整備に関する法律」第1次一括法制定から、2020（令和2）年6月10日成立の第10次一括法まで、延べ448件の法律が改正されたわけです。もちろん制度的にはいろいろな改革が進んでいますが、私が市民としての活動の経験と、市長としての参加と協働の取組から考えるとき、特に地域ごとの多様な実情に応じた施策の実施を可能とする「自治立法権の拡充と強化」ということについては一定の評価をしたいと思っています。

　第1次分権改革では、国と地方の関係が「上下・主従」から「対等・協力」へと移行が図られ、第2次分権改革では、「都道府県・市町村への事務権限移譲」、「法令による義務付け・枠付けの見直し」とともに、2014（平成26）年から「提案募集方式」が導入されました。先ほど神野先生がおっしゃった、まさに「住民の視点への変革」が、この2014（平成26）年に、明確に示されたと思っています。地方分権改革有識者会議が取りまとめた『地方分権改革の総括と展望』には、このように書か

れています。「今後の改革においては、住民は単なる行政サービスの受益者にとどまることなく、地方公共団体の政策形成に参画し、協働する主体であることが期待される。改革の推進に当たっては、住民自らが主体的に要望や意見を示す姿勢が望まれており、そのことが地方公共団体の提案の基礎となり、その提案が制度改革に結びつくことにより、更に豊かな住民生活につながっていくという好循環が生み出されることを期待したい。その際、住民の意見を地域の政策課題に反映させる上で、地方議会の役割は重要である」と。その上での「提案募集方式」のスタートだったわけです。私は、こうしたプロセスに現職の市長として、まさに市民の声を踏まえて提案募集にも対応をしてきましたし、全国市長会の副会長としても、幅広い市民の皆様の声を反映する一助になればと、提案制度を生かすように努力をしてきました。

　日本都市センター研究員の釼持麻衣さんの論文「提案募集方式を通じた自治立法権の拡充」(『都市とガバナンス』Vol. 34 pp. 98-110（公益財団法人日本都市センター：2020 年 9 月))）によりますと、2014（平成 26）年から 2019（令和元）年の 6 年間に 2,521 件が提案され、実現・対応することになった件数は 1,171 件、76.4% であったということです。そのうち、自治立法権に関する提案は、2014（平成 26）年に 54 件で、最近は 1 桁になっているけれども、建築審査会委員の任期や都市公園における運動施設の敷地面積の割合の上限、災害援護資金の貸付利率などが実現されています。

　また、2020（令和 2）年の提案についても調べてみましたら、共同提案が 49.0% と半分近くに増えていて、初めて提案する市区町村も 80 団体もあります。やはり自治体において、かなり広がってきており定着している制度と思います。さらに、この間、「従うべき基準」の「参酌基準」化も進みました。子ども・子育て支援担当の全国市長会副会長を務めていた当時、私は、「放課後児童クラブの基準の改定――従うべき基準の参酌基準化」に対応することになったのですが、自治体から提案を

して 2020（令和 2）年 4 月にこのことが施行されるまで 2 年以上かかってしまったのです。私たち自治体は、「任せるものは任せてほしい」と主張し、時間はかかりましたが、そのことがかなったということです。また、「義務付け・枠付け」の緩和等は、「適切な財源保障とセットであるべき」と考えます。したがって、今後も自治体はしっかりと制度改革について声をあげていくことが必要だと思っています。

■ 今後の分権改革の課題

清原——これまでの国と自治体との対話あるいは協議による分権改革について、私は一定の評価をしている立場であります。しかし今、新型コロナウイルス感染症対策に直面し、そして、何よりも対面することが制約される「社会的距離（ソーシャル・ディスタンス）」を保たなければならない中にあって、「市民自治」、「住民自治」を進めていくには、さらなる課題が残されていると思っています。

　要点だけ申し上げます。のちにまた皆様との対話の中で深い説明をさせていただきたいと思いますが、「コロナ禍、地震、多発する水害などに直面する災害多発時代における分権の方向性」や、「SDGs（持続可能な開発目標）の目標達成に向けて、AI（人工知能）や ICT（情報通信技術）の技術革新を活用しつつ諸課題の解決を図る国と地方の望ましい関係の方向性」を検討する必要性から考察するならば、まず 1 点目は、「国と地方の協議の場の制度的な充実と活性化」が必要だと思います。これは、総理と地方六団体の代表が対話するということだけに意味があるのではありません。今後は、特に政策が決定されてからの自治体の参加ではなく、「政策形成段階からの協議の充実」が有効です。たとえば、私は「幼児教育の無償化」の検討のときに、全国市長会の子ども・子育て支援施策担当副会長として、内閣府、厚生労働省、文部科学省の担当局長等幹部の方と、全国市長会、知事会、そして町村会の皆様とで構成される「実務的な PDCA 検証組織」に加わりました。この実務的な組

織での検討が有意義だったと思います。さらにその下に部長クラスの意見交換の機会があって、短期集中的に自治体の声を届けながら、制度が2019（令和元）年の10月に施行されたわけです。今後は、更なる分野別分科会の設置などによる制度の充実と活性化が必要と考えます。

　2点目、「自治体の政策実施を担保する財政構造の確保」です。これについては、西尾先生も神野先生も、実はここが一番難しいとおっしゃいました。そうなんです。国から地方へ権限の移譲が行われても、国と地方の「税収割合が6対4」である一方、「歳出割合が4対6」との乖離が改善されていないなど、権限移譲の裏付けとなる適切な財源移譲が伴っていないことに関する地方の不安と不満が存在します。社会保障や福祉に関する国庫支出金についても、補助要綱の縛りにより自治体の実情に応じにくい実情があると言えます。たとえば、「三位一体改革」のとき、私は三鷹市長に就任したばかりでしたが、地方交付税不交付団体ですので、補助金が削減されて公立保育園の施設の整備や運営などが困難をきわめました。そこで、総務大臣や東京都知事にも改善を求める要請行動を行ったのですが、現在のような、特にコロナ禍の厳しい社会経済状況の中にあっては、やはり適切な「地方一般財源」の確保・拡充による地方税財政の保障なくして自治は実現しないと言い続けなければならないと思っています。地方税財政の制度設計に関する「国と地方の協議の場」の確保も必要と考えます。

　3点目、特に小規模自治体に負担となっている「計画策定しなければ補助金が出ない」という枠組みの見直しが必要です。気がつけば、計画、計画、計画づくりばかりで職員が翻弄され、計画本数の増加により、特に小規模自治体の計画の策定・管理コストの増加、計画間の不整合・過不足を生じさせ、政策の有効性や効率性を損ないかねないとの懸念があります。法令により計画策定が求められる計画数は分権化の流れの中で増加しており、2019（令和元）年現在約400件に上ります。先駆的モデル事業を含む国庫補助金の交付に際して、法令や通知で計画策定が必須

とされるなど、財政的なインセンティブによる政策誘導が少なくありません。先ほど西尾先生が「紐付きの財源はやめなければいけない」とおっしゃったのですけれども、いわゆる紐付きの財源のために作らなければならない計画がいっぱいです。自治体を信頼していただき、計画がなくても実効性がある国の補助金の、特に保健、医療、福祉への活用が求められています。

　4点目、「地方自治を推進する基盤としてのデジタル・トランスフォーメーション（DX）の推進」など、自治体の実情を尊重しつつ国と自治体の緊密な連携を実現する情報通信基盤整備が推進されなければならないと思っています。たとえば2020（令和2）年、基礎自治体である市区町村には、コロナ禍で特別定額給付金10万円を住民の皆様に配布するという大きな役割が求められました。でも、これには法律改正がなかったんです。結局、通知で行われることになりました。住民に役立つ定額給付金の配布を市区町村で断るところはありません。けれども、今回はマイナンバー制度と、そして住民基本台帳ネットワークシステム（住基ネット）がリンクされないまま行われましたので、結局は、手続きにおける大きな負担が国民にも、そして自治体事務にもかかってしまいました。こんなことは二度とあってはなりません。

　「迅速で適切な行政サービスを実現するために」、この点が大事です。中央集権を強化するのではなく、地域の実情に応じた分権型の仕組みが生かされるように。そして、自治体が先行して整備してきた「個人情報保護条例」や「情報公開条例」の趣旨が、今後改定される予定の「IT基本法」の理念と整合性を持ちながら、あくまでも国民、市民を中心に置いたデジタル・トランスフォーメーション（DX）を、国と自治体が対等に協議しながら進めていかなければなりません。これが「市民自治」につながるデジタル化の方向性ではないかと思っています。

　そこで、地方公共団体の基幹系情報システムの統一・標準化の取組は、デジタル社会実現の基盤となり、住民の利便性の向上や行政運営の効率

化につながるものと期待しており、国・地方を通じた行政のデジタル化を円滑に推進するためにも、国の支援のもと早急に着手し着実に進めていくべきものと考えます。

　一方で、地方のシステムの整備状況や更新時期等は様々であることから、統一や標準化の取組に当たっては、運用の実態を踏まえた現実的なスケジュール、システム構成とするため、住民サービスの提供や住民情報の管理を担う地方公共団体との十分な調整が必要になります。

　また、地方公共団体情報システム機構（J-LIS）については、今後、デジタル社会の構築に向けた動きが加速する中において、国のデジタル政策との連携やそれを支える安定的なシステム運用に必要な財源の国費措置や、技術革新等に対応できる専門性を備えた人材の確保など、組織の抜本的強化を着実に進める必要があります。J-LIS は、かねてより、地方公共団体の負担により、地方交付税の算定業務や、住基ネット、地方公共団体間の通信ネットワーク（LGWAN）の運用などの業務を共同して実施していた法人を、マイナンバー制度の創設に伴い改組し、2014（平成 26）年 4 月に「地方共同法人」として設立したものです。

　マイナンバー制度に関係する経費には国費措置が行われていますが、原則として地方公共団体の負担によって運営されており、これまでの経緯や地方公共団体の事務を担っていることを十分に踏まえて組織を強化すべきです。

　その上で、地方公共団体の情報システムの統一や標準化と J-LIS の抜本的強化については、国が自治体の意見を丁寧に聴いた上で、全国の自治体が協力して、国と自治体がしっかりと連携してデジタル社会の構築に向けて取り組むべきであると考えます。

　新型コロナウイルス感染症対策に直面する中、SDGs の理念である「誰 1 人取り残さない」という自治体の使命を果たすために、まだ残る「分権」と「自治」に関する課題をご一緒に共有し、解決していきたいと考えています。

勢一——清原先生、ありがとうございました。最近の現状まで丁寧にフォローしていただいた上で、具体的な4つの課題提起までお話を頂戴いたしました。続きまして、山田先生にお願いをいたします。

山田啓二
前京都府知事、京都産業大学教授
やまだけいじ： 1954年生まれ。自治省（現総務省）を経て、2002年より4期16年、京都府知事を務める。府政での実践の他、2011年から4期7年、全国知事会会長を務め、全国知事会地方分権推進特別委員会委員長として、地方分権推進に取り組んだ。また、第1回の国と地方の協議の場にも全国知事会会長として臨んだ。2018年春から京都産業大学法学部教授、学長補佐に就任。16年間の知事経験を活かし、若い世代の人材育成や地域社会への貢献に努めている。

■ 知事16年の経験から思うこと

山田——私はこの中では唯一公務員上がりですので、地方自治の現場の中で考えてきたこと、現場の中で地方分権の進展を経験し、今どういう形でそれが影響を及ぼし、そして今後どうあるべきかについて、まず簡単に述べたいと思っております。

分権の足跡ですけれども、私は知事を16年間やらせていただきましたが、知事も随分変わったなと思っております。高度成長のころの知事は、国からいかに補助金やプロジェクトを持ってくるかで、いい知事、悪い知事の判断がされていました。それが、安定成長期に入って国も税収が伸びなくなってきたときに、国の補助金行政も終わりを遂げ、地方公共団体は自分たちの力をどうやって生かしていくのか、そのためには自分たちの状況を知らなければいけない、ということで情報公開社会へと移っていく。これが改革派知事と呼ばれてきた人たちの登場につながっていくのだと思っております。

高度成長期のナショナル・ミニマムから安定成長期のローカル・オプティマムへと進んでいくと、地域の個性を生かしていかなければ地域は発展をしないということで、地方分権時代が始まっていく。リーダーの理論的な意思決定というよりは、地方公共団体の置かれた状況に応じて

変化に適合したリーダーによって地方分権の在り方も変わっていくというのが私の考え方です。これが1999年の地方分権一括法、平成の大合併へとつながっていく。そして、2002年構造改革特区を経て、2003年には、先ほど批判が随分出ておりますように、財政自主権を増すはずだったものが違う方向へ行ってしまった三位一体改革へと進んでいきます。

そして、民主党の政権になって地域主権改革が始まり、関西では関西広域連合が創設され、2011年に国と地方の協議の場、そして、これは民主党内閣最後の閣議決定になってしまったのですけれども、国の地方支分部局の地方への移管閣議決定がなされる。ここら辺が地方分権の1つのピークだったのかなと考えております。

私は、国と地方の協議の場に第1回から知事会長として出席をしたのですけれども、ここは、正直言ってあまり幸福な感じで臨めませんでした。いきなりガチンコの殴り合いになってしまいました。というのは、この国・地方協議の場の第1回から問題になりましたのは、消費税の5%値上げで生まれる財源を国が取るか地方が取るかという話だったのです。当時、医療、年金、福祉、国家財政が窮乏しているところであり、5%の値上分は地方には一銭たりとも渡せないというのが民主党政権の主張でありました。それに対して、地方公共団体は団結をして、まさに医療、福祉の現場は地方にある、ここの財源を充実しなくて本来の福祉、医療は守れない、と主張して真っ向からぶつかります。ちょうど国会がねじれているところでありまして、実は地方は勝利をおさめる。しかし、この勝利は、私にとりましては非常に苦い勝利でありました。

と申しますのは、先ほどから出ていますように、三位一体改革のときには、われわれ知事会は3兆円の住民税の移譲をしていただけるならば、4兆円の補助金をカットしても結構です、国に1兆円プレゼントします、まさにこれが行政改革ですと言ったら、切られた補助金は4.7兆円。それでも私どもは我慢する気だったのですけれども、さらに5.1兆円の交付税をカットされてしまい、地方に格差、分断が起こってしまいました。

交付税をもらっていないところは非常によくなったけれども、交付税に依存していた特に弱小の都道府県や市町村は、一挙に苦しい状態に追い込まれます。

　そして、この消費税の5％の取り分についても私のところに電話がかかってきました。「山田会長、5％のうち1.2％を地方消費税に、0.34％を交付税に算入し、合わせて1.54％を地方へ」という内容でした。前の5％よりも大勝利であります。4兆円近いお金を取り戻せる。ただ、その瞬間に、私は躊躇をしました。というのは、1％の地方消費税と0.54％の交付税算入だったら、三位一体改革の格差を少し是正できるかなと思っていたのですけれども、地方消費税が1.2％になると、やはり消費税がたくさん入るところに多くいってしまい格差がさらに広がる。しかし、地方の自主財源を増やしていくことこそ地方自治、地方財政の根幹であるということでずっときた人間にとって、1.2％を1％にして、1回国税に入れてから交付税に回すほうを増やしてくれとは、口が裂けても言えず、「1.2、ありがとうございます、0.34、ありがとうございます」と言いました。

　ここら辺から分権時代は転換をしていきます。人口減少期に入ってくると、日本経済再生に向けての緊急経済対策、そして義務付け・枠付けの見直し、提案制になってまいります。結局、地方公共団体の中に格差ができてきたときに、一律に分権して権限を渡すことができなくなってきた。したがって、意欲のある地方公共団体からの提案によって、分権を進めるという形に変わらざるを得なかったのです。

　2014年に日本創成会議は896自治体が2040年までに消滅可能性都市になると発表し、東京一極集中と地方の過疎・高齢化が進んでまいります。税収格差、急増する生活保護と子どもの貧困問題、地方大学の経営難などが表面化してきます。それに対して政府は、地方創生（ローカルアベノミクス）でこの格差を埋めようとする。連携中枢都市圏という形で何とか都市の格差を埋めようとしていく。そして、東京23区内の大

学の定員抑制へと進んでいきます。

　先日発表された第32次地方制度調査会の答申から、「分権」という文字が消えました。正確に言いますと、「地方分権」という言葉は1カ所だけあります。それは地方分権一括法を引用したところだったんです。これだけです。そして答申の中身は、第1に地方行政のデジタル化、第2に公共私の連携と地方公共団体の広域連携、第3に地方議会への多様な住民の参画という形になりました。

■ 2つの自由と分権

山田——そこにコロナがやって来ました。私どもは東京一極集中の是正を長い間叫んでまいりました。しかし、変わらなかった。ところが、コロナという1つの病気で東京が流出超過になった。これは非常に衝撃的でした。ただ、私たちはやはりこの問題を通じて、少し先の世界を見ることができたのではないかと思っています。

　つまり、リモートワークは都市に暮らす必要に疑問を投げかけたと思います。現実の世界のほかに、バーチャルな世界の暮らしも知りました。逆に、都市の脆弱性と職場と通勤によって縛られ、帰りは居酒屋で一杯やって、家には寝に帰るだけという生活の無駄を知ったということであります。

　私たちは、この経験から、今2つの自由を手に入れようとしています。1つは仕事オンリーからの自由です。リモートワークをすれば、朝ゆっくりと起きて、食事をして、場合によっては家のまわりの畑を耕して、それからテレワークに入って、早めに終わったら、今度はテニスでもバーベキューでもしようかという生活ができることを知った。地域のことに目を向ける余裕を持ちました。

　もう1つは、都市居住オンリーからの自由です。都市に住むのは職場に近接しているからですが、その必要性がなくなった。これが原因の全てではないと思いますけれども、東京の流出超過というのは、1つの現

象として出てきたのではないかと思います。

　問題は、地方分権、特に団体分権が、この自由と両立をするのか、それとも両立をしないのかということです。先ほど神野先生は、まさに団体自治への地方分権改革を動かすことで、住民自治の活性化を図るというお話をされました。人口減少期に私たちは、この世界を維持してこの社会を元気にしていくためには、今まで以上に、住民の皆さんが1人ひとりの能力を発揮していかなければなりません。人口が半分になるのであれば、1人ひとりが活動量を倍に高めなければいけない。このときに、団体自治、団体分権が、住民の皆さんの活動量を高める方向に行くのか、それともそれに反する方向に行くのか、これが多分これからの地方自治の一番大きなテーマになるのではないかなと思っております。

　たとえば、単に人が減少していくことの代わりをAIや5Gやロボットが行うのか。私はそうではないと思います。人がより社会に出ていけること、より人の活動量が増えること、これを助けるのがデジタル化ではないかと思っています。そうしたデジタル化社会では、地方自治、地方分権はどういう形になっていくのだろうか。

　先ほど申しましたように、人は都市に居住をしない、または、地域と暮らしていくことを味わう生活ができるようになった。しかし、移住や地方に住むということは、簡単ではありません。いくらリモートワークと言っても、週に3日、4日は会社に行って同僚の顔も見たい。子どもの教育問題もある。そうしたときに、人は2つのところで暮らすことによって、もっと自由に交流を深めることができる。しかし、団体自治、団体分権は、1つ間違えば住民の囲い込みを行います。地方自治、地方分権は、それに対してプラスの方向性を打ち出すことができるのだろうか。このことについては、時間も来ましたので、あとのセッションでお話をしたいと思っております。

勢一──山田先生、ありがとうございました。山田先生からもたくさんの論点をお示しいただきました。社会状況が変わっていけば、当然分権

勢一智子
西南学院大学法学部教授
せいいちともこ： 1998年九州大学大学院
法学研究科博士課程単位取得退学。同年に西
南学院大学法学部講師に着任、同助教授を経
て、2007年より現職。専門分野は、行政法、
環境法、地方自治法。第31・32次地方制
度調査会委員、地方分権改革有識者会議議員、
同提案募集検討専門部会構成員、中央環境審
議会委員。地方行政では、福岡県行政改革審
議会、宮崎広域連携推進協議会、滋賀県税制
審議会などで委員を務める。著書に『BASIC
公共政策学第6巻 政策実施』（共著、ミネ
ルヴァ書房、2010年）、『環境法のフロンテ
ィア』（共著、成文堂、2015年）など。

も変わらなければならない。20年前に求められていた分権の絵が、今はそれで大丈夫なのか、さらに10年後、20年後、それで機能するのかとのご指摘であったと思います。また、国と地方の協議の場についても清原先生に続き、課題提起をしていただきました。非常に価値あるお話をいただけたのではないかと思っております。

　また、新型コロナ禍が地域にどのような影響をもたらすのか、仕事オンリーからの自由、都市居住オンリーからの自由を手に入れた住民が、どのような住民自治に携わっていくのか。人口減少の中、一方でDXの動きもあり、こうした住民の活発な自治を、これまで行ってきた団体分権が支え得るのかと問題提起されました。非常に重い課題をお示しいただきました。

■ コロナ禍とデジタル化

勢一——論点はたくさんありますが、このパンデミックのもとで、実際に分権そして地域社会は、どのような影響を受けて、どのような展望があり得るのか。このあたりからお話を進めさせていただければと思います。

　清原先生は、ソーシャル・ディスタンスが、市民自治、住民自治の障害になるのではないかと懸念されていらっしゃいました。一方でDXについては、山田先生のご提起のようにポジティブな部分もあろうかと思

います。住民に近い現場でご覧になっていて、いかがでしょうか。

清原——ありがとうございます。私は地元で高齢者、障がい者、また子育て中の世帯を支援する「地域ケアネットワーク・新川中原」という組織のボランティア、推進委員として活動しています。ところが、新型コロナウイルス感染症が発生してから、3密を避けるために一定程度人が集まる会合等は抑制してくださいという市の方針が出たので、ご高齢の方を集めて、サロンで語り合ったり、歌を歌ったり、一緒に学び合ったりするということができないまま時が流れました。

　やはり感染症対策のためには対面の機会が一定の制約を受けます。では、オンラインで済むかと言うと、特に高齢者の方がオンラインの端末を、スマートフォンであれ、タブレット型端末であれ、なかなかお持ちではないという現状があります。それでは、身近なテレビでということになると、対話する環境を作るには技術的な制約もあります。それで、一番お声を聞きたい、安否確認をしたい対象であるひとり暮らしの高齢者や高齢者2人暮らしのご夫婦などへの訪問事業も十分にできていないということがあります。

　「共助」、ともに支えあう市民の活動は、福祉や保健の制度のすき間を埋めるものとして、全国各地で居場所づくりや高齢者支援、子育て世代支援として広がってきていました。そこにこのパンデミックの襲来です。若い世代についてはオンラインで行うとか、あるいは広い会場が確保できれば距離を置くとかによって、学習機会や活動機会をある程度保障できるのですが、特に感染した場合に重症化が懸念される高齢者に対しては、社会的距離をしっかりと取る必要性から、お1人おひとりに寄り添う取組には一定の制約があるかもしれません。

　それでは、どのようにお1人おひとりの声を聞くかと言えば、手紙や電話はもとより、インターネット、LINEなどのアプリを利用した相談事業も、児童、生徒対象のものから一般の人対象のものまで広がっています。また、多くの市議会ではインターネット中継をしたり、録画を見

られるようにしていたり、直接傍聴に行かなくても市議会の様子がわかるようになってきています。また、行政事務については、効率的にできる事務はAIを使ったり、ロボティックス・プロセス・オートメーション（RPA）を使ったりしながら簡素化しつつ、配慮に配慮を重ねた相談事業などの対面的なものをいかに残していくかということが、今、このウィズ・コロナの時代の自治体に求められていると思います。

この間の行政サービスへの電子申請の仕組みの事例というのは、先ほど山田さんもおっしゃいましたけれども、コロナ禍で急速に増えた1つの例ですね。自治体も取組に頑張りました。対面していろいろな書類をやりとりすることが難しくなってきたことから、民間から行政への電子申請も右肩上がりで増えているようです。判子を押さなくていいような仕組みも増えてきています。まだまだ難しい面はありますが、代替できる申請事業などはデジタル化を進められればよいと思います。

整理します。デジタル化の推進は、第1に、距離的な制約を克服し、時間的な制約を克服する代替的・補完的な機能があります。第2に、山田さんがおっしゃったように、活動をむしろ促進する、生活時間の有効な使い方を促進して時間管理を適切にできる、という機能があります。3番目に、行政サービスの面でも、家計などの管理の面でも、効率化、合理化、簡素化がなされます。それらを、とりわけデジタルの機器を駆使できない市民の皆様を中心に配慮しつつ、どれだけ進めていくことができるかが、今、問われていると思います。

ですから、コロナ禍の経験を踏まえると、若い世代や働く世代などが対象になるものについては、デジタル化をどんどん進めていくべきだと思いますし、民間と行政との関係の手続きでも進めていくべきだと思います。そして、それにまだ対応できない方に、職員による、あるいは保健師等の専門家によるきめ細かい支援をいかに工夫していくかが、今、求められているのではないでしょうか。

勢一——ありがとうございます。まさに今この2020年の現状をどうク

リアーすべきかというところでしょうか。

清原——そうですね。それで、一言だけ付け加えます。私は市長として「二元代表制」のもとで、知事経験者である山田さんもそうだと思うのですけれども、首長の行政執行の役割だけではなくて、もう一方の市（住）民代表である議会との緊張関係と協調関係の中で仕事をしてきました。私は、議会の皆様が、住民代表、市民代表として、「二元代表制」の在り方を真剣に考えるタイミングが、今、コロナ禍の中で訪れているのではないかなと思います。私は議員経験がないので議会の皆様の代弁はできませんけれども、本当に全国の議員の方たちがコロナ禍にあっていかに住民代表として適切に活動すべきかということに悩んでいらっしゃることを受けとめて、基礎自治体、そして都道府県の場合は、直面する多様な地域課題を解決するために、国の「議院内閣制」とは異なる「二元代表制」の機能をフル回転することが重要だと思っています。

勢一——ありがとうございます。人口減少が進む社会の中で地域がどのような未来を選んでいくか、議会が決断をすることも非常に重要になってまいりますね。

■ 人と人との結びつきを強化する

勢一——神野先生はご講演の中で、パンデミックが外在的な危機として社会にいろいろな影響をもたらしていて、差別や分断などにもつながるというお話をされました。一方で、スウェーデンの事例をご紹介いただき、まさに国民の家、生活の場としての地域社会の再創造という提起をしていただきました。そのときに、デジタル社会を日本は目指しているけれども、それとは違うというご発言がありました。団体分権が進められてきたこれまでの経緯と、今後のDXが進んでいく中で団体分権と住民自治のかかわりなどにつきまして、何かご意見等をいただければと思うのですが、いかがでしょうか。

神野——パンデミックというのは、先ほども言いましたように、人間関

係を変えたところでどうすることもできません。ただし、人間の行動様式を社会学習によって大きく変えていくことはできるかと思います。皆さんご存じでしょうけれども、世界の世論調査を見てみると、そもそも日本は世界で一番孤立している社会です。家族ともつき合わない、コミュニティともつき合わない、友人ともつき合わないのです。しかも、子どもの孤立はダントツと言ってよく、第2位の国を倍にしてもまだ日本が突出している。結局、人間は人間と触れ合うことによって人間になっていくのだという原則を認めるかどうかだと思います。

　「with コロナ」というのは、コロナをすぐに撃退できないから共存していくための生活様式を考えようという話かなと思ったら、きのうの小池都知事の話だと、来年は「without コロナ」にしなくちゃいけないというのですから、よく理解できません。

　それから、「ニューノーマル」も分かりません。この間、あるテレビの開局記念番組で「ニューノーマル時代の地域社会」というので、このニューノーマルというのはどういう意味ですかと聞いたら、いや、政府がよく使うので調べてみたのですが、定義はないんですって。「ノーマル」は日常と訳してみたり、規範と訳してみたりするんですよ。定義がないのに議論するというのはよく分からない。

　パンデミックがもたらす重要な社会学習の結果として、なるべく人と話さないようにしよう、機械など無機質的なものを介したほうがいいのだという生活習慣を身につけてもらうとする。私はこれを非常に恐れています。北欧諸国では、デジタル化は人間と人間との接触を増やすためのものですよ。もう一度地域コミュニティをつくるためにやっている。今までだったら環境破壊的に飛行機に乗ってアメリカに共同研究しに行かなくてはいけないのに、デジタル化によって行かなくて済むでしょう。生活の場に定住できることで、人間のコミュニティを再創造しようという発想から出てきているのですね。

　もともと彼らはテレワーク的な仕事の仕方でした。日本のように大部

屋で仕事をしていないのです。みんな個室で仕事をしていて、1週間に一遍の会議で決めているようなスタイルだった仕事の仕方が、在宅になったわけです。先ほど申し上げたように「第三の波」とか「脱工業化社会」とか、この未来を予見するかのような読みものを眺めれば、こうした発想は逆です。人間にとって一番怖い孤独を強いられる社会になって

神野直彦
東京大学名誉教授

しまったからこそ、みんなで連帯して克服していかなければならないのではないかと思います。

　学生には、隣の部屋と携帯電話で話すことをやめろと言っています。直接接触しないでなぜ電話しなくちゃいけないのだと。それでも電話ならまだ人間的な触れあいは残るんです。「冬休みは何をしていたの？」とか、用件以外のことを話さざるをえない。そこでメールすれば一方的に伝えればよく、人間的触れあいを拒否できる。

　まちの中を見ていて、スマホを操作しながら歩いている人というのは、ヨーロッパではまずいないですよ。それからこのコロナ禍でもヨーロッパの人は、食事は人間が触れあう最も根本的な場だと言っているんですよ。ところが、日本は家族で一緒に食事をしなくなっている。ファミリーレストランとかで家族が食事をしようとしているのを見て感動していると、座った瞬間に、みんな口もきかずにスマホをいじり始める。一切の触れあいを拒否していることから生じているさまざまな孤独社会。人間と人間との結びつきが失われつつある。だから結びつきを強化するような形で、デジタル化すべきであると思います。

勢一——ありがとうございます。北欧諸国でデジタル化をなぜやるかと言えば、人と人との接触を増やすためである。日本のデジタル化の動き

は確かにコロナを契機として急加速をしていますので、接触を減らすためにという側面が今は非常に大きいです。ただし、コロナが落ち着いた先にデジタルのインフラが地域社会に何をもたらすのかということを、やはり今考えてデジタル化を進めなければいけないというご指摘かと思います。

■ 直接会うことの価値

勢一——このデジタル化について、ぜひ西尾先生にお伺いをしたいと思います。分権一括法が制定された20年前は、恐らく今のような人口減少社会、さらにパンデミックに見舞われた社会とは違う環境です。当時構想しておられた団体分権は、今の状況においてどのような課題がありますでしょうか。何かご発言をいただけましたらありがたいです。

西尾——ものすごく大きな課題を質問されていると思うのですけれども、地方分権推進法ができて、地方分権推進委員会が発足した1995年ごろは、まだまだスマホなどというものは登場していませんでしたし、みんながパソコンを持って仕事をするというところにも達していませんでした。政府の審議会の議事録がすぐにできてくるなどということは、あり得なかった。だからこそ、議事録をつくるために事務局に職員が配置され、速記者が入っていました。録音もしていましたけれども、そういうことが併用されていたような時代です。そのころに現在のようなデジタル化社会を想定などしていませんね。全くそういう議論はしておりませんでした。ですから、それからの20年というのは、すごい変化です。今は情報を公開することも、意見を提出することも、各自治体から反応することも簡単にできますよね。

　全く時代は変わってきておりまして、デジタル化には、容易に通信できる、時間を短縮できる、迅速に行える、などメリットがたくさんあります。けれども、根本的に言うと、そういうものは進歩すればするほど、人間はお互いが直接会わなければだめなのです。直接会うということが、

基本的に人間社会をつくるときに一番大事なことで、これは神野先生と全く同意見です。

　世界的な規模で考えた場合に、みんな人種、民族、そして宗教が違い、多様な文化を持って暮らしている。接触することによって、そのことにやっと気づくんですよね。ですから、日本国内にいると、恐らくイスラムのことは理解できない。しかし、世界の場に出ていけば、しょっちゅう接触しますから、ここにこういう方々がいらっしゃり、自分の文化とは違う文化のもとに暮らしていらっしゃることが分かり、当然いろいろな社会の問題について違う意見を持っているということが分かるわけです。感性も意見もみんな多様であるというのが世界だ、人間社会だということに気づくのは、面接することによってなんですよね。そこで初めて意見の多様性を知るのですから、そこからデモクラシーはやっと始まるわけです。それをどうしてまとめていくのかというところに、デモクラシーという理念が出てくるのだと思うのです。

　ですから、デジタル社会がどんなに進歩しようと、人と人が直に接しあうという機会が増えない限り、文化は絶対に栄えませんし、人類は死滅するのだろうと思います。そういう意味で、基本的には神野先生と同意見です。

　このようなところから地方分権を考えていったときに触れておきたいのが、特定非営利活動促進法（NPO 法）です。地方分権一括法ができたのと同じころになりますが、1998 年に NPO 法は成立しました。現在、地域社会にはたくさんの NPO 法人があり、私が住んでいる武蔵野市でもたくさんできています。これは、以前は考えられなかったことですけれども、人々はまちのために何かをしたいと考えて、いろいろなところで必死に活動していらっしゃいます。ただ、分権改革との関連で言えば、その NPO 法人が活動していることと、市議会と市長がやっていることとのつながりができていない。そこまでいっていないんです。NPO 法人の人たちが「自治体を何とかしないとだめだ」と思って、自治体に対

して発言や行動をするようになってくると世の中はもっと大きく変わる
だろうと思うのですが、まだそこまでいっていない段階ではないでしょ
うか。将来としては十分に可能性があると思っています。そのことが1
点目です。

■ 時流に乗らないと改革できない

西尾——それから、先ほど分権改革が成功するかしないかは、そのとき
の時流に乗っているテーマかどうかが決定的に重要だと言いました。こ
れからもそういう時流がどこで生まれるかを慎重に見ていって、「今だ」
というときにみんなが一挙に動き出さなければ、物事は成り立たない。
そのタイミングの見分け方が非常に重要なのではないかと思っています。
　一方で、そこには時流に流されてしまう危険もあります。分権改革で
も、1980年代からずっと続いている行財政改革という流れの中で、財
界や労働界が地方分権も必要だと言い出したことから、世論が動き出し
ているわけです。孤立無援だった地方自治論者たちに、世の中のさまざ
まな社会、集団、世界から、味方が出てきたのですよ。それで、これな
らいけるかもしれないということで、行財政改革の流れに乗りました。
そうすると、地方分権改革は行革の一環という位置づけになります。
　しかし、行革を進めている主流の財界から言えば、分権改革をやらせ
てみたけれども、あまり行財政改革に役立っていないのではないのかと
いう批判が出始めたのです。期待していたことと違うじゃないかという
声が出てくる。では、何をすればいいのかということで、もっと職員を
減らせるようにしなければだめだという話になるのですね。
　それで、すぐにやるように言われたのが、市町村合併です。そこには
触れないつもりで出発したにもかかわらず、与野党を超えて国会議員の
大多数が触れざるを得ないと思っているという声に押されて、平成の市
町村合併が始まってしまった。合併する以上、必ず議員数が減ります。
それに伴って職員数もある程度は減ります。目に見えて減るんですよね。

明治のときも市制町村制の施行にあ
わせて合併しましたし、戦後も昭和
28（1953）年から昭和の大合併を強
行しましたけれども、それによって
議員や職員が減ってきたという実績
があります。ですから、議員や職員
を減らしたいというときには、すぐ
合併の話が出てくるわけです。都道
府県の場合は、道州制論、連邦制論
が出てくる。その方向へ流れたほう

西尾　勝
東京大学名誉教授

が行革に役立つという判断をまわりがし始めると、「いや、我々はこれ
でも行革に寄与しているのです」という説明が苦しくなって、それでだ
んだん分権改革の進め方が難渋するという事態になっていくわけです。
　丹羽委員会の第二次分権改革では、小早川先生が努力されたのですけ
れども、法令による「義務付け・枠付け」を緩和するという地味な仕事
を一生懸命にやって、それなりの成果を上げました。しかし、なぜ財界
の人たちはこれを黙って見守って邪魔しないでいてくれたかと言うと、
基本的には、行革論者たちが誤解をしていたからです。つまり、仕事の
「義務付け」をできるだけ外して、やってもやらなくてもいい仕事に変
えていけば、地方交付税総額を減らせると期待したから、静かに見守っ
ていたのです。
　しかし実際には、仕事の「義務付け」はあまり減らさずに、「枠付け」
のほうを減らすことに努力していたわけです。そして、これについては
成果が生まれたということになるわけです。そういう流れから言えば、
行革論者たちが期待していたことを実現しなかったのは事実なんですよ。
ですから、もう改革を続けることはできない、ああいう形の分権改革は
支持しない、という流れになっていったのです。
勢一───ありがとうございます。まさにオーラルヒストリーとしてお伺

いできる非常に貴重な会であると思いました。今回ここに加えていただいたことに改めて感謝をしているところです。時流に乗らないと分権改革は進まないというご提起は、山田先生の「社会状況が変われば分権も変わる」とのご指摘と重なってくる部分があろうかと思います。

　確かに2000年の改革は、既にご紹介いただきましたように、まさに政治や社会の時流の中で実現をしたわけですけれども、それがあらわれるのを待っていては、なかなか次のきっかけが見つかりにくいのではないか。特にパンデミックに見舞われて少子長寿化が進む中で、いつ次の時流が巡ってくるのか、なかなかもどかしい時代になっていくのかなと、お話を伺いながら感じておりました。

■ 団体の分捕り合戦ではダメ

山田——別に分権を進めなくてもいいんです。一番大切なことは、とにかくこの国が今大きく変わろうとしている。人口は、今年、出生数は多分84万人ぐらいで、日本人の平均寿命が84歳ぐらいですから。縦軸と横軸を掛ければ分かるように、このままでいっても7,000万人を切ってしまいます。つまり日本の人口は半分になってしまう。そうしたときに、今までのような役割分担、分業で、この国はうまくいきますか。いろいろな人たちが今まで以上に協力・協働して、活動量を増やさなければならないのではないですか。そういう方向で自治を考えないといけない。

　さっきのデジタル化も人が減るのを補うというより、MaaSのように人の自由な活動をサポートする方向にいくべきです。住民自治も政治もそうですけれども、一番の基本は、国民の、または住民の皆さんの力をどうやって発揮してもらえるのか、そして弱い立場の人々をどうやって守っていくのかにある。そのために、みんなの力を合わせようではないかというときに、これは地方だ、これは国だと言って済む話ではもうありませんよ。そういう時代に入っていくときに、団体分権という形で物事が進むのだろうかという疑問を私は申し上げたわけです。

国と地方の協議の場というのは、まさに国と地方の新しい連携、新しい協働をつくり出す場でなければいけないのだけれども、そこが今はまだうまく動いていないのではないかというのが、私の問題意識です。たとえば関西ですと関西広域連合がある。これも、たとえばコロナ１つをとりましても、やれ大阪モデルだ、東京何とかだという話じゃありません。これは都市圏で共通した話なんですよ。明らかに東京、千葉、埼玉、神奈川に共通した問題。関西で言えば、大阪、神戸、京都の各都市に共通した問題です。そのときに、分権、分業、役割分担ではなく、こうした都市圏の新しい連携・協働をどうつくるのか。そのプラットフォームがこれから必要だと思います。

　国と地方の協議の場も、そういう方向で違う意識を持って国と地方の連携を創り出すとすれば、これはすばらしい場になるのではないかなと思うのですね。そのときに、やれ権限をよこせ、財源をよこせと言い始めてしまうと、単なる団体間の権限・財源分捕り合戦になってしまう。しかし、住民はもうそれを超えてしまっています。住民の皆さんは、地方団体の地域を越えてより自由に動き、より行動的になっている。それと分権がミスマッチしていないというところが、これからの問題ではないかなと思います。

勢一――ありがとうございます。まさにニーズに合った制度になっていないところが本質的な問題であるというご提起だと理解いたしました。これまでの分権で実現できないものを単純に進めることに意味があるのかという問題提起が基礎にあってのご発言だと思ったのですけれども、この点は清原先生にもお伺いしたいです。

■ 連携・協働を支える DX
清原――山田さんが言われたことは、本当にひしひしと胸に迫るのです。というのは、先ほど計画が多すぎて小規模自治体が困っているという話をしましたけれども、たとえば「国土強靭化計画」は１つの県で完結す

るのかと言うと、やっぱりこれは「多核連携による分散型国土の形成」等の広域化や自治体連携の視点で検討していくことが有意義です。山田さんは関西広域連合の取組の実践も踏まえて発言されているので、とても説得力があります。

　市長は有権者によって選ばれています。その有権者は誰かと言えば、住民基本台帳に登録している人で有権者の名簿に載っている人です。けれども、私は西尾先生のご指導もいただきながら『三鷹市自治基本条例』をつくったときに、「市民」の定義に、「在住者」だけではなく、「在学者」、「在勤者」に、「在活動者」も入れて議会の議決をいただきました。三鷹市という地域で活動している人は、住民登録をしていなくても、ちゃんと市に対して発言をし、かかわり、そしていい意味で責任をとるという人たちだということを条例で定めさせていただき、本当に遠方の方にも三鷹市にかかわっていただいてきました。

　それは、県レベルで考えてもそうだと思います。パンデミックで明らかになったのは、やはり通勤・通学圏が都道府県境をまたいでいるということであり、旅行とかではなくて、私たちはいろいろな形でそれぞれの自治体や地域にかかわりを持っています。したがって「住民」を考えるときに、多様性、多世代、多職種を視野にいれた取組をするとなると、自治体にとって、やはり「広域的な連携」や「協働」はより一層不可欠になってきました。

　先ほど神野先生もおっしゃった、孤立しやすい人——孤立と言っても孤高の人ならいいのですけれども——孤独を強いられ、孤独に悩んでいる人を守るには、ネットワーク型の取組が必要になっていきます。「競争」も大事ですけれども、自治を推進していく「連携」とか「協働」を基盤として支えるのが「デジタル・トランスフォーメーション（DX）」、「ネットワーク」です。実は、それは決して虚像ではなくて、人が実存として係わっている仕組みなのだろうと思います。

　三鷹市長としての経験で、市民の方から寄せられたお声で大変あり

がたかったのは、無作為で抽出された市民の皆様に依頼して、基本計画とか市政について討議してご意見をいただく取組をしたとき、「清原さん、実は今まで市政に無関心でいたわけじゃないけれども、あえて自分から審議会等に応募して委員になろうとは思わなかった。しかし、無作為抽出による委員になって学びながら思ったことは、市政に関して自分ができることがある一方で、もっと自分が使える行政サービスを行政が行っていたのだということも確認した」と言われたことです。そののち、参加者の中には、ボランティア活動を始められたり、地域の町会の役員になられたりして、無作為抽出で依頼したことが契機となり市との接点が生まれたことによって、次なる参加と協働のステージにつながっていったという経験を、多くの方から伺いました。

　自治体の場合には住民の方にいかに適切な情報を提供し、そして反応や参加をしていただく「プラットフォーム」を持っているかが大事です。もちろん手紙も電話も大事なチャネルですけれども、デジタル化は、より一層多様な皆様に、自治体の情報を届け、そしてお声を反映できる、そういう基盤として生かすことによって、リアルな人と人との活動で自治を実現できることになるのではないかと、本日、先生方のお話を聞いて再確認しました。

　「国と地方の協議の場」で今後、DX の在り方、パンデミックの克服の仕方、さらに GIGA スクールを初めとする義務教育学校の話とかを、ぜひ詰めていただくことが望ましいと思います。それが保健、医療、福祉や、暮らしの場である地域の諸課題の根底・基盤になっていくと思います。今後、「国と地方の協議の場」を拡充・充実し、頻度を増やして、決してマンネリ化・形骸化しないように期待したいと思います。

勢一——ありがとうございます。今、山田先生と清原先生からは、連携や協働、プラットフォームが必要であるというご意見をいただいたところです。

　私も地方分権改革の有識者会議の末席に加わり、神野先生と一緒に議

論をして知恵を絞らせていただいたわけですけれども、2014年の「総括と展望」にもあるように、住民に分権の成果が届き、その住民の声を自治体が受けとめ、それを次の分権につなげるという好循環につなげていくことは非常に大事です。そういう部分が、今少しずつ現場で進んできていて、主体的に取り組む住民をもっと支えるような形が必要なのではないかと改めて実感をしております。この部分について、ぜひ神野先生にもご発言をお願いしたいのですけれども、いかがでしょうか。

■ 私の分権の定義

神野——補完性の原理と言ってしまえば補完性の原理なのですけれども、私たちは個人から始まって、家族とか、さまざまな公式化されていない帰属集団を形成しながら、それを基礎に市町村という基礎自治体を形成する。日本では、NPOが行政のすき間を埋めると言われているんですが、ちょっと信じられない。私が見ているヨーロッパ社会と違う。自発的なNPOなどを創りながら、市民、住民がお互いの困難を解決しようとしていて、そのすき間については自治体がすべて責任を持つのがヨーロッパでは普通だと思うのだけれども、日本では逆の発想が出てくるんです。今もう一回下からコルポラシオンで積み上げていかないと、この危機は乗り越えられないのではないか。それは、どんな社会になっていくのか見通しがつかない本源的な危機だと思っています。

　たとえば先ほど私が言った外在的な危機と内在的な危機の区分から言えば、自然環境が破壊されてしまっているのは外在的な危機なんです。だけれども、今問題になっている自然環境の破壊は人間がつくり出している。つまり外在的危機を内在的化しているわけです。今、人間と自然とのつながりが破壊されつつあるときに、私たちはもう一度、人間とか何か根本的な物事の位置だけを示すもの——私は面積もなければ長さもなくて、位置だけを示している「点」という言葉をよく使うのですが——を問い直していく必要があるのではないか。

それがかなり重要になっているのではないかと思うのは、20年前に税財政の問題を考えたときには、明らかに工業社会が動いているということを前提にしていたんです。簡単に言えば、有形財が生産されていた社会だったのですけれども、今、経済学が怠慢だと思っているのは、本来的に価値とは何かを問うていないことです。企業の貸借対照表を見てもらえればわかりますが、資産の部はほとんどが無形資産なのです。競合性と排除性がなければ市場には乗せられないと言われますが、市場に乗って取引されている情報などの無形財は、競合性もなければ排除性もないんです。そういったものが取引されている社会が来ていて、税源移譲の議論が姿を消している。

　分権推進委員会の勧告の中には当時、「税源移譲」という言葉を書かせてもらえなかった。「移譲」ではなく何と書くのだと聞いたら、「充実」だと言うんですよ。どこが違うのかと聞いたら、移譲というのはこちらからあちらへ移さなくてはいけないのだけれども、充実というのはそのときにちゃんと地方税をあげるのだからと言う。分かった、では移譲しないのだったら国税を絶対減税するなと言うと、減税するんですよ。

　いずれにしても、租税が少なくなってきてしまっていて、今、どういう状態になっているかと言うと、先ほど申し上げたように、世界は金融では膨大に資金をばらまいていて、財政は緊縮財政を打つということでバランスをとってきた。ところが、このコロナで何が起こったのかと言うと、両方とも資金をばらまくんですよ。コロナ対応で110兆円出すという話です。これを将来どうするのか。

　我々の常識から言えば、必ず経済状態に根本的な影響を与える。いろいろな説があって、悪性インフレになるのか、クラウディングアウトみたいに金利が上がるのか分かりませんが、根本的に経済が成り立たなくなるような状態に追い込まれるのが見えている状態で、人間の生活をどうやって守っていくのか。私の地方分権の定義は、人間の生活と未来を決定する権限を社会の構成員の1人ひとりの手に移譲していくことです。

それはどういう仕組みによって成り立つのか、いつも考えながら行動をしているのですが、未来に対する見通しが立ち得ない状況で、私たちは物事を進めなくてはいけない。そういうときにはどうするかと言うと、やっぱりハンドルを切り間違えないように、スローアップ・アンド・カームダウンです。慎重に慎重に考えていくということ。曲がり角で曲がろうとするときに、必要なのは蛇行速度、曲がり切るために必要な速度。スピードを上げたらひっくり返りますが、しかし、蛇行速度がないと曲がれない。このコロナ禍で、いろいろな選択を今私たちは迫られている。蛇行速度を維持しながら、どういう方向に進むのか、舵を切り間違えないようにしなければいけない。

　したがって、20年前、30年前、40年前、50年前とは、政府とか政府間関係とかをつくり上げていく条件が、産業構造、経済構造から家族、社会まで大きく変わっている。そういう状況に私たちは生きているということを考え、根本的な問いを発しながら進んでいくしかないのではないかという気がします。

勢一——ありがとうございます。確かに産業構造も変わり、人々のライフスタイルも変わり、次第に世の中の変わっていく中で、それでもなお基本にあるのは、社会の構成員1人ひとりに、人間の生活と未来を決定する権限を移譲することですね。住民1人ひとり、国民1人ひとりが、自ら考え、主体的に行動することが、新しい形の地方自治、住民自治を生むことにつながっていくのだと、再確認させていただきました。

■ 分権改革の成果はここに

勢一——西尾先生、ご講演の最後の部分で、武蔵野市でご活動を続けておられることに言及しておられました。住民が地域を支えていく活動は、20年前からは随分変わってきているのではないかと思うのですけれども、よろしければご発言をお願いできませんでしょうか。

西尾——神野先生が基調講演の中で、当時の新藤総務大臣から「住民側

から何も動きがないじゃないか、声がないじゃないか」と強く言われた
と、「それなしに分権改革などと言ってもどうにもならないのではない
か」と言われたとおっしゃっていました。まさにそこが問題なのですけ
れども、住民により多くの関心を持ってもらい、地方分権改革が必要だ
という声をあげてもらうにはどうしたらいいのか。もともとこれは難し
い課題ですから、当事者である自治体関係者がまず住民に十分説明しな
ければ、住民は動きません。

　住民にどういうふうに説明するのが大事なのか、例をお話しします。
現在、このパンデミックの中で、皆さん気づいておられないかもしれま
せんけれども、全国で学校をいつから始めるかとか、いつ休みにするか
とか、その他の措置を市町村単位でばらばらに決めていて、これは第一
次分権改革の成果の１つなんです。それまでは、学期をどう設定するか、
夏休み、冬休みの期間をどう取るかというようなことは、都道府県の教
育委員会が決定する事項だったのです。北海道は北海道で画一的になり
ます。宮城県は宮城県で、県が決めれば県内全ての市町村でそうなる。
全国でそのようになっていました。それを、市区町村教育委員会の決定
事項に変えたんですよ。

　だからこそ、今度のパンデミックでは、都道府県単位でばらばらにな
るよりも、市区町村単位でばらばらになり得る状況になっていたわけで
す。現に、感染の流行は市区町村単位で全く違う状況にあるのですから、
一律に休業要請しろと言っても、みんな従いませんよね。これを市区町
村単位で決められたということは分権改革の成果だったのですけれども、
市長も、知事も、誰１人それを説明していません。そこが根本的な問題
です。

　もし、都道府県単位で画一的にしか動けなかったら、どういう事態に
なっただろうかということを考えれば、いろいろなことが分かっていく
と思うんです。まずこのことを住民に説明することが、非常に大事です。
そして、今はまだ縛られているほかの分野でも、自由に決められるよう

になれば、うちの自治体ではこういうことがしたい、だから分権改革を進めたいのだと、職員が住民に説明していくようになれば、だんだん住民も関心を持ち、自治に参加する人が増えてくる。そうなったときに初めて、住民によって支持された分権改革ということになっていくのだろうと思います。

勢一——ありがとうございます。確かに目の前で起こっているパンデミックにどういう対応をしたかの根拠が分権の成果だったことは、なかなか住民レベルでは知る方法がないかもしれないですね。

　私は、パネリスト4名の先輩方と比べると随分下の世代になっていまして、分権がどういう社会状況の中で、どのような人々の思い、悩みがあって進められてきたのかは、文献でしか知ることができない世代になってしまっています。そうすると、知識としては分かっても日常生活の中で気がつかないことが多いです。これは残念なことではあるのですが、時代の流れという意味では、気づくきっかけが減るのは、やむを得ないように思います。分権一括法ができたころに生まれた世代の人たちが、徐々に地方自治体の職員になってきています。こういう世代にも、実はこれだけの過去の蓄積の中で今の成果があって、これはこういう背景があるということを、いろいろな機会を見つけて残していくのは、とても大切なことだと思います。今回はその1つの場になったという意味でも価値が高いのではないかと感じているところです。

■ おわりに

勢一——最後に、パネリストの先生方から一言ずつお言葉を頂戴して、締めにさせていただければと思います。清原先生からお願いしてよろしいですか。

清原——本日は西尾先生、神野先生から、オーラルヒストリーというか、「分権」と「自治」に関する貴重な証言を伺いました。そして全国知事会の会長としてまさに最先端の「国と地方の協議」の現場にもかかわっ

ていらした山田先生からは、その経験等を通しての「分権」と「自治」
への思いを聞かせていただきました。

　ここで、「こ」のつく言葉で今後の「分権」と「自治」が目指す方向
性について申し上げます。今「コロナ」に直面している私たちは、少子
長寿化、そして人口減少社会の中で、「高齢者」「子育て世代」「子ども」
といった皆様の視点を重視しながら、「コミュニティ」をいかに創生さ
せていくか。そして、誰ひとりも「孤独」に陥ることなく、悪い意味で
の「孤立」をさせないことが求められています。それはまさに共生社会
とも言えますし、人々が相互に「貢献」しあう社会をつくっていくこと
です。そのために「分権」と「自治」の意義を活性化しながら、いかに
1人ひとりの住民の皆様がそれを目指す気持ちで自治体や地域のまちづ
くりにかかわっていただくかという仕組みを、今後もあきらめずにつく
っていかなければいけないと思います。

　西尾先生、神野先生をはじめとする先生方が切り開いてきてくださっ
た「分権」と「自治」の道筋を、これから、勢一先生をはじめとする若
い世代に引き継いでいただきたいと願います。「分権」は、1人ひとり
の人が本当に生きがいを持って暮らしていただける地域を、「地方自治」
としてつくっていくためだということを、今日改めて確認をさせていた
だきました。コロナ禍に負けないで、皆様とご一緒に歩んでいければ幸
いであると思います。本日はありがとうございました。

勢一――ありがとうございます。では、神野先生、お願いいたします。

神野――今年で私は75年生きているんですよ。未来がもう全く見えな
いような状態になってきている。先ほど言ったように、これからも分権
には、権限移譲が必要です。まずそれぞれの小さな団体から共同で意思
決定しながら、下から上にコルポラシオンで、補完性の原理でも何でも
いいのですが、積み上げていって、人間の歴史を決めていく。このこと
が、ますます必要になっているのではないか。それは未来は誰にも分か
らないという条件と、もう1つ、すべての人間にはかけがえのない能力

があることを認めれば、人間の未来あるいは生活の決定については、共同意思決定に委ねたほうが間違いが少ないということを信じるか否かだろうと思います。そういうことを信じながら、未来への海図を描いて進むしかないのではないかなと思っています。

勢一——ありがとうございました。西尾先生、お願いできますでしょうか。

西尾——住民が活発に動くことが地方自治の大前提なのですが、そのときに、「住民の1人ひとりに決定権を委ねる」という言い方が——神野先生もそのようなことをおっしゃいましたけれども——誤解を招いているところもあるのではないかと思います。

　住民に決定権を委ねるとはどういうことなのか。今は市区町村の決定権は基本的には、最終的に議会にあります。しかし、日本では長がかなり強い権限を持っていまして、条例ではなくて規則なるものは長が制定するということになっていますから、結構な決定権を持っているわけです。人事権も持っていますし、いろいろな権限を持っています。住民に決定権を委ねるとは、その長が持っている権限、議会が持っている権限を住民に渡していくことなのかと言えば、住民自身が最終的な意思決定をするということではないかと理解する必要が出てくるわけですね。そうすると、住民投票制度のようなことにならざるを得ない。最終的には住民投票にかけて賛成多数ならそれで決定となるような住民投票制度は、日本の地方自治法ではいまでも採用していないのですけれども、それを採用すべきだという話に直結する危険があるのです。

　私は、武蔵野市で市民参加が言われてきたときに、決定権問題を論じたことはありません。私たちが考えていることは、市議会、市長が持っている決定権に「影響力を行使する」ということなんです。最終的な決定権を持っている人に市民が自分の意見をぶつけて働きかけて、少しもその決定機関の考え方を修正してもらうために動いている。それが市民参加、市政への参加だと思っているわけです。影響力を持つということにすぎないのですが、活発に影響力を持たせる、その層を広げるとい

うことが課題なのだと思っています。

勢一――ありがとうございました。最後に山田先生、お願いいたします。

山田――分権改革から 20 年たった現在、新しい地方自治がもう出てこなければいけない時期だと改めて強調したいと思います。高度成長期のときには、人口も増え、まちもどんどん大きくなっていく中で、整理し、調和させていくような自治が求められた。そして、安定成長の時代に入ったときには、いわば自立していくような自治が求められていた。では、これからの時代はどんな自治が求められているのだろうか。

　今、西尾先生がおっしゃったように、やはり人を自由にしていく、人を自由に活発に動けるようにしていくべきだと思います。デジタル化も公共私の連携も人を活かす方向に進まないと、そういう観点からの地方自治を展開しないと、先ほど学校の話もしましたけれども、結局、団体に権限を与えるだけで住民の幸せに繋がらない形で終わってしまうと思います。それでは首長や議会が権限を振るうための団体自治になってしまう。団体分権の時代から、人が減る時代において、それを補うだけの住民の皆さんが活動量を増やし、一人が何役もこなして、しかも、場合によっては複数の自治体で住所を持って暮らすことが可能になるような自治になるべきです。人を規制するのではなく人を自由にする新しい住民自治、地方自治が必要な時代に入ってきたのではないかと思います。

勢一――ありがとうございました。素晴らしくまとめてくださいました。ここで私があえてまとめると陳腐になってしまいますので、下手なとりまとめは控えたいと思います。

　今日のご議論を受けて、これからの地方自治、そして新しく変わっていく地方分権の姿を私も一住民、一国民として、しっかり担っていきたいと思います。今日この会場でご一緒させていただいた皆様に、司会の不手際で質疑応答の時間をとれず、お詫び申し上げます。ご来場の皆さまと空間を共有して議論できましたことは、非常にありがたく、お礼も申し上げたいと思います。ありがとうございました。

地方分権改革 関連年表

年	月	関連の動き	内閣
1993(平成5)年	6月	「地方分権の推進に関する決議」(衆参両院)	宮澤内閣 [91年11月〜93年8月]
	10月	臨時行政改革推進審議会(第3次行革審)最終答申	細川内閣 [93年8月〜94年4月]
1994(平成6)年	2月	「今後における行政改革の推進方策について」〈閣議決定〉	
	5月	「行政改革推進本部地方分権部会」発足	羽田内閣 [94年4月〜6月]
	9月	地方六団体「地方分権の推進に関する意見書」	村山内閣 [94年6月〜96年1月]
	11月	第24次地方制度調査会「地方分権の推進に関する答申」「市町村の自主的な合併の推進に関する答申」	
	12月	「地方分権の推進に関する大綱方針」〈閣議決定〉	
1995(平成7)年	5月	地方分権推進法、成立	
	7月	「地方分権推進委員会」発足(委員長:諸井虔)	
1996(平成8)年	3月	地方分権推進委員会「中間報告」	橋本内閣 [96年1月〜98年7月]
	12月	地方分権推進委員会「第1次勧告」	
1997(平成9)年	7月	地方分権推進委員会「第2次勧告」	
	9月	地方分権推進委員会「第3次勧告」	
	10月	地方分権推進委員会「第4次勧告」	
1998(平成10)年	4月	第25次地方制度調査会「市町村の合併に関する答申」	
	5月	「地方分権推進計画」〈閣議決定〉	小渕内閣 [98年7月〜00年4月]
	11月	地方分権推進委員会「第5次勧告」	
1999(平成11)年	3月	「第2次地方分権推進計画」〈閣議決定〉	
	7月	地方分権一括法、成立	
2000(平成12)年	8月	地方分権推進委員会「地方分権推進委員会意見 分権型社会の創造」	森内閣 [00年4月〜01年4月]
	10月	第26次地方制度調査会「地方分権時代の住民自治制度のあり方及び地方税財源の充実確保に関する答申」	
	11月	地方分権推進委員会「市町村合併の推進についての意見 分権型社会の創造」	
2001(平成13)年	6月	地方分権推進委員会「最終報告」	小泉内閣 [01年4月〜06年9月]
	7月	「地方分権改革推進会議」発足(議長:西室泰三)	
2002(平成14)年	10月	地方分権改革推進会議「事務・事業の在り方に関する意見」	
2003(平成15)年	6月	地方分権改革推進会議「三位一体の改革についての意見」	

年	月	関連の動き	内閣
2003(平成15)年	6月	「経済財政運営と構造改革に関する基本方針(骨太の方針)2003」〈閣議決定〉 ⇒ 三位一体の改革[〜2005年]	
	11月	第27次地方制度調査会「今後の地方自治制度のあり方に関する答申」	
2004(平成16)年	5月	地方分権改革推進会議「地方公共団体の行財政改革の推進等行政体制の整備についての意見」	
2005(平成17)年	12月	第28次地方制度調査会「地方の自主性・自律性の拡大及び地方議会のあり方に関する答申」	
2006(平成18)年	2月	第28次地方制度調査会「道州制のあり方に関する答申」	
	6月	地方六団体「地方分権の推進に関する意見書」	
	7月	総務省地方分権21世紀ビジョン懇談会「地方分権21世紀ビジョン懇談会報告書」	安倍内閣〈第1次〉[06年9月〜07年9月]
	12月	地方分権改革推進法、成立	
2007(平成19)年	4月	「地方分権改革推進委員会」発足(委員長：丹羽宇一郎)	
	5月	「地方分権改革推進本部」発足	
		地方分権改革推進委員会「地方分権改革推進にあたっての基本的な考え方」	福田内閣[07年9月〜08年9月]
2008(平成20)年	5月	地方分権改革推進委員会「第1次勧告」	
	6月	地方分権改革推進本部「地方分権改革推進要綱(第1次)」	
	8月	地方分権改革推進委員会「国の出先機関の見直しに関する中間報告」	
	9月	地方分権改革推進委員会「道路・河川の移管に伴う財源等の取扱いに関する意見」	麻生内閣[08年9月〜09年9月]
	12月	地方分権改革推進委員会「第2次勧告」	
		地方分権改革推進委員会「地方分権改革推進委員会決議」	
2009(平成21)年	3月	地方分権改革推進本部「出先機関改革に係る工程表」	
	4月	地方分権改革推進委員会「国直轄事業負担金に関する意見」	
	6月	第29次地方制度調査会「今後の基礎自治体及び監査・議会制度のあり方に関する答申」	
	10月	地方分権改革推進委員会「第3次勧告」	鳩山内閣[09年9月〜10年6月]
	11月	地方分権改革推進委員会「第4次勧告」	
		「地域主権戦略会議の設置について」〈閣議決定〉	
	12月	「地方分権改革推進計画」〈閣議決定〉	

年	月	関連の動き	内閣
2010(平成22)年	6月	「地域主権戦略大綱」〈閣議決定〉	菅内閣 [10年6月〜11年9月]
	12月	「アクション・プラン　出先機関の原則廃止に向けて」〈閣議決定〉	
2011(平成23)年	4月	第1次一括法、国と地方の協議の場に関する法律、成立	
	8月	第2次一括法、成立	野田内閣 [11年9月〜12年12月]
	11月	「義務付け・枠付けの更なる見直しについて」〈閣議決定〉	
2012(平成24)年	11月	「国の出先機関の事務・権限のブロック単位での移譲について」〈閣議決定〉	
		「地域主権推進大綱」〈閣議決定〉	安倍内閣〈第2次〉 [12年12月〜20年9月]
2013(平成25)年	3月	「地方分権改革推進本部」発足(本部長:内閣総理大臣)	
		「義務付け・枠付けの第4次見直しについて」〈閣議決定〉	
	4月	「地方分権改革有識者会議」発足(座長:神野直彦)	
	6月	第3次一括法成立	
		第30次地方制度調査会「大都市制度の改革及び基礎自治体の行政サービス提供体制に関する答申」	
	12月	「事務・権限の移譲等に関する見直し方針について」〈閣議決定〉	
2014(平成26)年	4月	地方分権改革推進本部「地方分権改革に関する提案募集の実施方針」	
	5月	第4次一括法、成立	
	6月	地方分権改革有識者会議「個性を活かし自立した地方をつくる　地方分権改革の総括と展望」 ⇒　以降、「提案募集方式」を導入	
2015(平成27)年	6月	第5次一括法、成立	
2016(平成28)年	3月	第31次地方制度調査会「人口減少社会に的確に対応する地方行政体制及びガバナンスのあり方に関する答申」	
	5月	第6次一括法、成立	
2017(平成29)年	4月	第7次一括法、成立	
2018(平成30)年	6月	第8次一括法、成立	
2019(令和元)年	5月	第9次一括法、成立	
	10月	第32次地方制度調査会「市町村合併についての今後の対応方策に関する答申」	
2020(令和2)年	6月	第10次一括法、成立	
		第32次地方制度調査会「2040年頃から逆算し顕在化する諸課題に対応するために必要な地方行政体制のあり方等に関する答申」	

「都市問題」公開講座ブックレット 35

地方創生、この道しかない？

◆基調講演

　松本　克夫　　ジャーナリスト

◆パネルディスカッション

　パネリスト（五十音順）

　下山　克彦　　中国新聞社編集局報道部長・論説委員

　牧野　光朗　　長野県飯田市長

　松尾　雅彦　　カルビー株式会社相談役、
　　　　　　　　NPO法人「日本で最も美しい村」連合副会長

　山下　祐介　　首都大学東京大学院人文科学研究科准教授

　西村　美香　　成蹊大学法学部教授（司会）

編集・発行　公益財団法人　後藤・安田記念東京都市研究所
2015年10月、Ａ５判、64頁、定価509円（本体463円＋税）

「都市問題」公開講座ブックレット 34

自治体議会は必要か？

◆基調講演

　金井　利之　　東京大学法学部・大学院法学政治学研究科教授

◆パネルディスカッション

　パネリスト（五十音順）

　寺町みどり　　「女性を議会に 無党派・市民派ネットワーク」事務局

　中本美智子　　大阪府吹田市議会議員

　根本　良一　　前福島県矢祭町長

　東野　真和　　朝日新聞編集委員（前大槌駐在）

　山口　二郎　　法政大学法学部教授（司会）

編集・発行　公益財団法人　後藤・安田記念東京都市研究所
2015年7月、Ａ５判、72頁、定価509円（本体463円＋税）